LOS ARCHIVOS DE LA CRIPTOZOOLOGÍA

La Enciclopedia de los Mitos, Leyendas y las Criaturas más Raras Jamás antes Vistas

JOHN VENKMAN

© **Copyright 2022 – John Venkman - Todos los derechos reservados.**

Este documento está orientado a proporcionar información exacta y confiable con respecto al tema tratado. La publicación se vende con la idea de que el editor no tiene la obligación de prestar servicios oficialmente autorizados o de otro modo calificados. Si es necesario un consejo legal o profesional, se debe consultar con un individuo practicado en la profesión.

- Tomado de una Declaración de Principios que fue aceptada y aprobada por unanimidad por un Comité del Colegio de Abogados de Estados Unidos y un Comité de Editores y Asociaciones.

De ninguna manera es legal reproducir, duplicar o transmitir cualquier parte de este documento en forma electrónica o impresa.

La grabación de esta publicación está estrictamente prohibida y no se permite el almacenamiento de este documento a menos que cuente con el permiso por escrito del editor. Todos los derechos reservados.

La información provista en este documento es considerada veraz y coherente, en el sentido de que cualquier responsabilidad, en términos de falta de atención o de otro tipo, por el uso o abuso de cualquier política, proceso o dirección contenida en el mismo, es responsabilidad absoluta y exclusiva del lector receptor. Bajo ninguna circunstancia se responsabilizará legalmente al editor por cualquier reparación, daño o pérdida monetaria como consecuencia de la información contenida en este documento, ya sea directa o indirectamente.

Los autores respectivos poseen todos los derechos de autor que no pertenecen al editor.

La información contenida en este documento se ofrece únicamente con fines informativos, y es universal como tal. La presentación de la información se realiza sin contrato y sin ningún tipo de garantía endosada.

El uso de marcas comerciales en este documento carece de consentimiento, y la publicación de la marca comercial no tiene ni el permiso ni el respaldo del propietario de la misma.

Todas las marcas comerciales dentro de este libro se usan solo para fines de aclaración y pertenecen a sus propietarios, quienes no están relacionados con este documento.

Índice

Introducción	vii
1. El temible lobo de Utah	1
2. El hombre rana de Loveland	11
3. Bunyip australiano	19
4. Tokoloshe de Zimbabue	33
5. La bestia de Gévaudan	39
6. El Snallygaster de Maryland	47
7. Taniwha de Nueva Zelanda	55
8. El místico Pie Grande	63
9. La bruja Baba Yaga	69
10. Wendigo de Minnesota	83
11. El dragón de Gales	93
12. El toro divino Tur	101
13. El Golem de Praga	113
14. El monstruo del Lago Ness	121
15. Los cabezas de melón	137
16. El Rougarou de Luisiana	145
17. Los grandes gatos fantasmas	153
Conclusión	159
Referencias	163

Introducción

Un críptido es una especie de animal o criatura obscura, oculta y desconocida, cuya existencia no se puede comprobar desde las ciencias biológicas, por lo que su misteriosa procedencia es desconocida. Muchas de estas historias toman forma desde la mitología o el folclor cultural de diversos lugares, e incluso existe una corriente científica que busca comprobar la existencia de estos seres ocultos influenciada por los procesos de caza de fantasmas y búsqueda de extraterrestres.

Ya sea que quieras comenzar tus estudios criptozoológicos, o que simplemente seas un/a entusiasta de lo misterioso, este libro es para ti. A través de 17 capítulos, recorreremos una lista de diferentes críptidos y criaturas extrañas, abordaremos algunas de sus historias más comunes y conoceremos sus características.

Introducción

Desde los sumamente famosos y conocidos Pie Grande y el Monstruo del Lago Ness, hasta aquellos probablemente nuevos críptidos por conocer (como, por ejemplo, el Taniwha o los grandes gatos alienígenas), sin duda te llenarás de historias increíbles, dudas y especulaciones sobre los avistamientos descritos, así como de una gran curiosidad por conocer mucho más sobre estas criaturas.

Por supuesto, debes de tener cuidado, pues si te descuidas, puede que te conviertas en el o la próxima Rougarou, o que el Bunyip te sorprenda en un tranquilo día de campamento o que te topes con alguno de los llamados grandes gatos fantasma... incluso puede ser que el Snallygaster desarrolle un gusto especial por tu tipo de sangre.

Las historias de algunas de estas criaturas tuvieron un cierre hace muchos años, pero el misterio alrededor de ellas continúa. Algunos otros, siguen vigentes y en la búsqueda. Sin importar el resultado en la época actual, estos misteriosos animales marcaron el folclor humano y la curiosidad por lo inimaginable de manera estrepitosa, y sus historias se siguen transmitiendo de generación en generación, pues nos han enseñado a caminar con cuidado y respetar al prójimo y a la madre naturaleza.

Prepárate para descubrir las historias más extrañas de los críptidos alrededor del mundo, llenarte de historias igualmente terroríficas y fantásticas, y descubrir todo un nuevo mundo más allá de lo conocido y lo probable.

Estás a punto de comenzar un viaje en el que la existencia de cualquier criatura que puedas imaginar, es posible.

1

El temible lobo de Utah

No hay mucho en el noreste de Utah: las ciudades a lo largo de la Interestatal 70 son poco más que restaurantes y moteles para conductores cansados. En la línea estatal oriental, compartida con Colorado, se encuentra el condado de Uintah. Con 4.501 millas cuadradas, cada centímetro del condado tiene la reputación de ser uno de los lugares más extraños y plagados de fenómenos de América del Norte.

La zona cero del condado es Skinwalker Ranch. Aquí, abundan las historias de ovnis, avistamientos de diversos tipos y mutilaciones de ganado, pero para muchos, las historias más inquietantes son las del lobo gigante que camina sobre dos patas.

. . .

La primera mención de fenómenos inexplicables en la región se dio a finales del siglo XVIII. Los exploradores españoles que se encontraban en busca del Sendero español pasaron por la cuenca de Uintah, sitio del futuro rancho, e informaron haber visto una nave en el cielo sobre sus fogatas por la noche. Esta área se encontraba cerca de Fort Duchesne, que en ese momento era un fuerte del ejército de los EE. UU. del siglo XIX, pero ahora es una concentración poblacional.

Así, el rancho está rodeado por tres lados por la Reserva Uintah-Ouray Ute. A principios del siglo XIX, los navajos reclamaron la cuenca y el futuro sitio del rancho como propios: el agua dulce abundante y los principales terrenos de caza eran paraísos para los Dine (pronunciado DIH-no), que era como se llamaban a sí mismos.

Pero finalmente, la tribu de los Ute los atacó, vendiendo a los Dine capturados a los españoles como esclavos y reclamando el agua dulce y la caza como propios. Los Dine respondieron con una maldición en la forma de un espíritu que podía cambiar de lobo a humano a cualquier cosa que quisiera: un *skinwalker* (trota-pieles o caminante).

A partir de ese momento, los nativos consideraron que la cuenca de Uintah era un "terreno impío".

El caminante de Skinwalker Ranch es un inusual canino-lobo, pues ésta parece ser la manifestación preferida del espíritu malvado. Descrito como un lobo "enorme", la criatura tiene rasgos que los observadores dicen que no son "normales", como caminar erguido (a dos patas), correr a cuatro patas con un andar errático y torcido, y acercarse descaradamente a los humanos a plena luz del día. Los investigadores que analizaron dibujos y fotos de la criatura dicen que se parece más al extinto lobo gigante terrible (*Aenocyon dirus*).

Sin miedo, el enorme lobo también parece a prueba de balas. En 1994, Gwen y Terry Sherman compraron el rancho y trasladaron a su familia y ganado al sitio. El día que tomaron posesión, mientras desempacaban, vieron a un enorme coyote o lobo en uno de sus pastos. Curiosamente, el animal se acercó tranquilamente a ellos y los miembros de la familia comenzaron a acariciarlo; había sido un día lluvioso y los Sherman dijeron que la criatura olía a perro mojado.

Después de unos minutos, el "lobo" se acercó a un corral de ganado y agarró a un ternero por la nariz, tratando de arrastrarlo a través de las barras del corral. Terry Sherman y su padre golpearon al animal para que soltara al ternero.

· · ·

Cuando eso falló, Sherman disparó al animal con un .357 Magnum a quemarropa, pero el lobo mantuvo sus mandíbulas fijas en el ternero, levantándolo a la altura de su pantorrilla.

Después de otro disparo, el animal soltó al becerro, pero no corrió; se quedó mirando a la familia. Sherman continuó disparando, pero no había sangre ni signos de heridas en el animal, aunque éste comenzó a retroceder.

Sherman agarró un rifle de caza y disparó de nuevo a quemarropa. Finalmente, un disparo sacó un trozo de piel y pelo del lobo, pero el animal seguía tranquilo. Después de algunos disparos más, trotó a través de un pastizal hacia una zona húmeda de matorrales.

Sherman lo siguió durante más de una milla, pero el rastro desapareció. Los que estuvieron allí ese día recuerdan que el pelo y la carne que quedaban tenían un olor nauseabundo, como carne podrida combinada con un olor almizclado de zorro.

Existen versiones de esta historia que dicen que unas semanas más tarde, Gwen Sherman se encontró con un lobo tan grande que su espalda se ubicaba paralela a la parte superior de su ventana cuando éste se posó al lado de su auto. El animal estaba acompañado de otro animal parecido a un perro que la mujer no pudo identificar.

El tema canino se repite en una historia de la Oficina de Asuntos Indígenas (BIA). Dos oficiales de la BIA estaban patrullando cerca del rancho cuando vieron a un par de figuras "humanoides" paradas juntas al costado de la carretera. Curiosamente, los oficiales juraron que los cánidos estaban de pie, vestidos con gabardinas y fumando cigarrillos.

La patrulla se detuvo y los oficiales salieron del coche, volteándose a ver el uno al otro para comprobar que ambos veían lo mismo, pero cuando regresaron la mirada, los perros se habían ido, dejando colillas humeantes en el suelo. Los investigadores han encontrado la historia tan increíble que ha sido excluida de los informes y artículos publicados.

Jim Sherman, hijo de la familia, fue testigo de otro tipo de criatura canina, diciendo que un día, notó que los caballos en un corral estaban molestos, saltando frenéticamente y luchando por evadir algo. Cuando Jim se acercó para investigar, descubrió una criatura parecida a una hiena entre los caballos, cortándolos con sus garras.

Sherman dijo que el animal parecía pesar alrededor de 200 libras, con una cola grande y tupida como un zorro.

El chico gritó, y la cosa saltó del corral y corrió hacia la cresta de la montaña sobre el rancho, donde desapareció a plena luz del día. Los Sherman también informaron frecuentes avistamientos de orbes de colores, específicamente orbes amarillos, rojos y azules. Lo más extraño fueron los orbes azules luminosos: Terry dijo que emitían un sonido "crepitante" y provocaban terror en los espectadores cercanos.

La primera noche que identificaron a los orbes, Gwen y Terry vieron una de las bolas azules acercarse a un caballo, "asustándolo mucho". El orbe luego se acercó a los Sherman, pareciendo "inspeccionarlos". Más tarde, dijeron que se ve como si hubiera dos fluidos azules dentro de una esfera con forma de pelota de béisbol.

Para Terry, eso fue lo más aterrador que había visto en la vida. Los Sherman dijeron que la pelota vino y se fue durante toda la noche, y en un momento se posó en la cara de una vaca. Cuando empezó a irse, los Sherman convencieron a sus tres perros para que persiguieran a la luz.

. . .

Los perros persiguieron al orbe hacia un área con matorrales y los Sherman perdieron de vista el orbe, fue en ese momento en que escucharon los gritos de dolor de los perros, que no regresaron nunca. Terry no quería investigar en la oscuridad, pero a la mañana siguiente, encontró tres puntos "grasientos" en el suelo en la zona boscosa. Los perros nunca fueron vistos de nuevo.

Los Sherman se mudaron al rancho con una gran cantidad de ganado raro y caro, pero cuando tantos fueron mutilados y asesinados se dieron cuenta de que estarían en bancarrota si no se trasladaban a sí mismos y a su ganado a un lugar más seguro: habían perdido el 20 por ciento de su rebaño debido a las mutilaciones.

Según el escritor David Perkins, los Sherman estaban en conflicto; no querían pasar la extrañeza del rancho a otro comprador desprevenido, pero tenían que vender. La pérdida de los amados perros del rancho fue la gota que colmó el vaso.

El rancho había albergado a investigadores y oficiales de inteligencia militar interesados en la gran cantidad de avistamientos de ovnis; así que uno de ellos puso a los Sherman en contacto con Robert Bigelow, el millonario fundador de *Bigelow Aerospace* en Nevada, quien había invertido parte de su fortuna en la investigación de ovnis.

Compró el rancho en septiembre de 1996, y también adquirió el ganado de los Sherman.

Bigelow había formado recientemente el Instituto Nacional para la Ciencia del Descubrimiento (NIDS) y convirtió el rancho en un sitio de investigación paranormal.

El NIDS se había centrado en las mutilaciones de ganado y los ovnis de triángulo negro, pero el rancho era demasiado bueno para dejarlo pasar, con sus portales interdimensionales reportados, avistamientos de seres extraños, anomalías de luz, aves tropicales ocasionales en los árboles, voces incorpóreas y sí, un *skinwalker* residente.

El coronel retirado del ejército, John Alexander, con un "currículum extraído de los expedientes X", se unió a Bigelow. El NIDS puso un límite a los informes de actividad paranormal, pero una historia del New York Times de diciembre de 2017 informó que el Departamento de Defensa financió hasta 22 millones de dólares a NIDS gracias al interés del senador Harry Reid.

Bigelow finalmente cerró el NIDS cuando no pudo dar explicaciones para la actividad sobrenatural en el rancho; las cámaras fallaron y las configuraciones de las cámaras de video fueron objeto de actos de vandalismo de manera sumamente misteriosa. El rancho ahora es visitado por tantos turistas que el perro y los hombres lobo se han vuelto escasos.

Finalmente, Bigelow vendió el rancho a *Adamantium Holdings*, "una corporación fantasma de origen desconocido". Solo se puede especular si los nuevos propietarios están siendo acosados por actividades sobrenaturales o intrusos en busca del lobo *skinwalker*.

2

El hombre rana de Loveland

La rana de Loveland (*Rana serrectus*), también conocida como el hombre rana de Loveland o el lagarto de Loveland, es un ícono del folclore de Ohio bastante novedoso. Es un sapo o rana humanoide legendario que merodea por las noches románticas y, a menudo, melancólicas de Loveland, Ohio.

La criatura supuestamente mide de pie aproximadamente 1.2 metros. Ha sido objeto de mucho debate. ¿Es real?

¿Es una rana o un sapo? ¿Qué pasó en 1972? ¿Hay recompensa por su cabeza? Y, lo que es más importante para algunos veteranos, ¿estaba la luz de la luna de la bañera involucrada en su fértil e imaginativa descendencia?

El profesor de folclore de la Universidad de Cincinnati, Edgar Slotkin, ha comparado a la rana de Loveland con Paul Bunyan, el gigantesco leñador legendario. La criatura ha ganado cierta notoriedad como leyenda popular en la misma línea que Paul, el viejo Stormalong (héroe náutico estadounidense) y el chupacabras.

Slotkin estudió el fenómeno de su popularidad e incluso graficó los avistamientos. Señaló que las historias no solo se han transmitido de generación en generación, sino que la mayoría de los informes del hombre rana de Loveland se presentan en ciclos predecibles.

La leyenda del hombre rana de Loveland se remonta a la era de la posguerra, a los rockeros años 50. Comenzaron a aparecer historias que difieren ligeramente entre sí, sobre una rana enorme que causaba todo tipo de travesuras. Era una serie de leyendas urbanas que parecían inverosímiles pero que eran increíblemente emocionantes y divertidas al difundirse.

Así como con el hombre polilla, o el chupacabras, el hombre rana de Loveland se ha convertido más o menos en un icono de una Era...

. . .

La Era en la que los ovnis se estaban convirtiendo en un fenómeno, las películas de ciencia ficción estaban de moda y la juventud de Estados Unidos estaba empezando a imaginar lo que Woodstock y los psicodélicos podrían hacerle a su sistema.

La historia del hombre rana de Loveland comienza igual que cualquier otra. Una noche, un hombre de negocios, un viajante de comercio o un vendedor de biblias (da igual) está conduciendo solo por un camino oscuro sin compañía alguna. Aquí, la historia comienza a divergir… existen 3 versiones distintas.

En una historia, el automovilista se dirige fuera del vecindario de Branch Hill, cuando ilumina con los faros de su automóvil a tres enormes figuras. El trío se erige sobre sus patas traseras y se queda de pie en medio de la carretera.

El hombre toca entonces la bocina.

Las criaturas se animan, retuercen el cuello y el hombre da un grito ahogado. Los tres miran al conductor con piel curtida y caras de rana.

. . .

La otra versión es la siguiente: el automovilista ve a las 3 criaturas debajo del puente de Loveland, piensa que son como las muchas que cruzan el río Little Miami, por lo que toca la bocina. Una de las 3 criaturas sale disparada de debajo del puente, aterrizando sobre la capucha del automóvil y graznando fuertemente... el conductor se desmaya.

La versión número 3 ubica a nuestro hombre en el mismo puente, el automovilista se detiene, sale de su coche y ve a las tres criaturas, quienes conversan animadamente. El conductor los llama. Una de las criaturas se levanta, señala con el dedo a sus amigos en el gesto universal de "poner un alfiler" y se vuelve hacia el molesto intruso: *"¿no ves que estamos conversando? Qué grosero"*, saca una varita y la sostiene sobre las cabezas de los tres... un fuego ardiente genera cañones de chispas fuera de la varita. El automovilista huye del lugar.

Y como esas 3 variantes, hay miles más... El automovilista se convierte en una pandilla de Hell's Angels, nuestro hombre no es realmente un comerciante ni un vendedor, sino estudiante universitario que va a ver a su novia en algún punto de encuentro... La tradición oral ha cambiado la historia de maneras incontables.

. . .

Otra historia relacionada sucedió el 3 de marzo de 1972 a la 1:00 am, y en ella un oficial del departamento de policía de Loveland marchó hacia la locura. El oficial Ray Shockey viajaba en su automóvil por el área de Riverside Drive, cerca de una fábrica de botas de nieve y el río Little Miami, cuando un animal sospechoso cruzó la calle frente a su vehículo.

El oficial frenó su coche, golpeó el volante y miró atento. El animal, ahora completamente iluminado por los faros de su patrulla, parpadeó hacia Shockey... quien estaba teniendo un colapso fiel a su apellido: Shockey estaba en completo shock.

Enmarcado en la lámpara de su coche estaba el legendario hombre rana de Loveland. Piel curtida, ojos brillantes, lengua lista para atrapar una mosca del tamaño de un escarabajo. Shockey informó del avistamiento y dijo: *"está agachado como una rana"*. Antes de que pudiera dirigir algún tipo de palabra o realizar cualquier acción, la criatura trepó por la barandilla del puente y saltó al río.

Dos semanas después de ese salvaje incidente, un segundo oficial de policía de Loveland, Mark Matthews, secundó a Shockey e informó haber visto un animal no identificado, similar en altura y facetas, cerca de la misma carretera.

Matthews, un hombre que no era conocido por pensar demasiado en las cosas, salió de su coche con su arma lista para ser usada. Le disparó al animal justo entre los ojos y lo golpeó dos veces, como un sicario, solo para estar seguro de que el hombre rana de Loveland estaba en un viaje expreso al mejor nenúfar en el cielo.

Matthews luego arrastró el cuerpo a su automóvil, pues quería mostrarle a Shockey su pesca del día. Según Matthews, era *"una iguana grande de unos 3 o 3,5 pies de largo"*, y no identificó de inmediato la especie de la criatura porque le faltaba la cola... Fue por esta razón que Matthews pensó que podría ser la mascota de alguien que, o había escapado, o la habían dejado ir cuando sobrepasó de gran manera el tamaño pensado.

Matthews le mostró a Shockey el animal... el sorprendido Shockey confirmó que era lo que había visto en la oscuridad ese día. Matthews volvió a contar el incidente a un autor de un libro sobre leyendas urbanas, pero estipuló que el autor "omitió la parte que confirmaba que la criatura era una iguana en lugar de un hombre rana", ¿sería verdad?

El hombre rana de Loveland, por otra parte, parece tener una agenda muy ocupada. ¿Por qué?

Porque él, ella, eso, tiene la mala costumbre de aparecer en la escena en Ohio incluso más que la mayoría de las celebridades locales. Está en todas partes.

Abundan los avistamientos del hombre rana de Loveland.

Muchos de ellos son engaños o niños probando a los hermanos alucinógenos del hombre rana, sin embargo, los avistamientos de la criatura han inspirado todo tipo de cuentos populares y leyendas urbanas, hasta el punto de que el viejo *Froggy* en realidad tiene un festival anual en su nombre.

En agosto de 2016, toda la cronología absurda y extravagante del hombre rana de Loveland tomó otro giro hacia la tierra de los locos. Una estación de televisión local de Cincinnati informó que "una noche de diversión se convirtió en una escalofriante historia de terror", lo que mantuvo a la gente pegada a la pantalla de televisión, lista para hacer palomitas de maíz y conocer la siguiente gran historia de la cultura pop que se avecinaba.

Dentro de la época del boom de los videojuegos en los celulares y el nuevo lanzamiento de un reciente juego relacionado con un famoso anime referente a criaturas que podías atrapar y coleccionar, dos entusiastas del famoso juego *Pokémon Go* se encontraban fuera, buscando un nuevo *Pikachu* para cazar entre el Loveland Madeira Road y el lago Isabella.

Repentinamente, los chicos se encontraron con un monstruo de la vida real que no les cabía en el bolsillo. Los niños afirmaron que una rana gigante, cerca del lago, "se puso de pie y caminó sobre sus patas traseras".

Claramente esas sofisticadas pokebolas, incluidas por Nintendo en su plataforma IOS, no hicieron daño al inmenso anfibio. El creador de tendencias de Nintendo no pudo atrapar al hombre rana de Loveland. A veces, parece que simplemente no puedes atraparlos a todos.

La realidad es que los niños estaban seguros de que habían encontrado a la mítica criatura y, a pesar de no haber sufrido daño alguno, la historia resonó dentro de las televisoras locales, pues el hombre rana de Loveland ha adquirido tanta fama que incluso se montó una obra de teatro en su honor.

3

Bunyip australiano

AUSTRALIA ESTÁ llena de extrañas criaturas criptidas, y algunas de ellas son realmente especiales. La criatura conocida como Bunyip es originaria de la tradición aborigen, también conocida como Kianpraty y una variedad de otros nombres tribales regionales, la mayoría de los cuales se traducen de las palabras aborígenes para "diablo", "espíritu maligno" o algún otro apodo ominoso, y no es difícil ver por qué.

Un enorme monstruo anfibio que habita en el agua, principalmente en pantanos, meandros abandonados, arroyos, pozos de agua, lechos de ríos, estanques y lagos, el Bunyip se describía tradicionalmente como de aproximadamente 10 a 15 pies de largo y principalmente de naturaleza reptil, a menudo con características de aves, con cabeza como la de un emú y patas como las de un caimán con largas garras, aunque dependiendo de la región podían tener apariencias muy diferentes, incluyendo focas, perros, o colmillos, cuernos, aletas, o cuellos largos.

Dependiendo de la variación regional, algunos parecen mamíferos acuáticos con un pelaje liso o un pelaje peludo, otros más como cocodrilos, mientras que otros parecen reptiles de cuello largo e incluso se han descrito como un ternero o una estrella de mar gigante. Cualquiera que sea su apariencia, siempre se los describió como muy agresivos y territoriales, comiendo todo lo que podían atrapar, incluidos los humanos.

Los aborígenes tenían una especie de relación problemática con ellos, ya que veían a los Bunyip como protectores de las vías fluviales, pero también como cosas amenazantes y peligrosas, criaturas con las que no se debía interactuar nunca. Si bien todo esto puede parecer que seguramente no debe ser más que una leyenda y un mito aborigen, cuando los colonos blancos comenzaron a llegar a estas regiones, ellos también comenzaron a avistar algo extraño en el agua.

Entre los muchos informes que comenzaron a llegar de exploradores y colonos de las oscuras tierras salvajes de Australia, uno de los primeros y más extraños es el de

1818, cuando el explorador Hamilton Hume y su compañero James Meehan estaban en el lago Bathurst en Nueva Gales del Sur.

Los exploradores encontraron una serie de huesos de una criatura grande y desconocida en la orilla del agua. No lo llamaron específicamente Bunyip, pero fuese lo que fuese, Hamilton lo describió como similar a un hipopótamo o manatí. Desafortunadamente, no se llevaron el enorme esqueleto y, curiosamente, nunca regresaron a buscarlo, incluso cuando se les ofreció una buena suma para recolectarlo para la Sociedad Filosófica de Australasia.

De igual manera, se encontraron más restos anómalos en 1830, en las Cuevas de Wellington, descritos como los de un buey o búfalo, que según los lugareños eran los de un Bunyip.

Otro relato impreso en 1821 en la Sydney Gazette refiere que existieron avistamientos de una criatura lanzando agua y haciendo un ruido extraño, emitiendo un sonido parecido a una marsopa, que tenía la apariencia de la cabeza de un bulldog, pero perfectamente negra.

. . .

A lo largo de la década de 1800, y particularmente en las décadas de 1840 y 50, hubo numerosos avistamientos de extrañas criaturas en las vías fluviales, a menudo descritas como "perros de agua", con una apariencia elegante y parecida a una foca, pero en otras ocasiones más como reptiles gigantes, o como un cuadrúpedo del tamaño de un becerro, de pelo desgreñado o de crin.

De hecho, una de las cosas más extrañas de los relatos del Bunyip es lo inconsistentes que son las descripciones, con las características físicas dispares tan nebulosas y mal definidas que es difícil averiguar cómo se supone que debe lucir un Bunyip.

Se publicó una descripción en *The Greelong Advertiser* después de que llegara un informe de un aborigen que había sido atacado por la bestia en 1845, que refiere que el Bunyip, entonces, se representa como un conjunto entre las características de un pájaro y un caimán. Tiene una cabeza que se asemeja a un emú, con un pico largo, en el extremo del cual hay una proyección transversal a cada lado, con bordes dentados como el hueso de la mantarraya.

Su cuerpo y patas comparten la naturaleza del caimán.

. . .

Las patas traseras son notablemente gruesas y fuertes, y las patas delanteras son mucho más largas, pero aún de gran fuerza. Las extremidades están provistas de largas garras, pero a pesar de esto, se estableció que su método habitual de matar a su presa es abrazarla hasta la muerte. Cuando está en el agua nada como una rana, y cuando está en la orilla camina sobre sus patas traseras con la cabeza erguida, en cuya posición mide doce o trece pies de altura.

En su mayor parte, parecía que casi cualquier criatura extraña o no identificada en las aguas de Australia se llamaba Bunyip, y en 1847, aparecieron más evidencias físicas supuestas con un cráneo extravagante encontrado en el río Murrumbidgee cerca de Balranald en Nueva Gales del Sur.

Este hallazgo se exhibió de manera prominente en el Museo Australiano en Sydney como el cráneo de Bunyip, aunque los expertos no pudieron identificarlo, y mientras su misterio estaba circulando, hubo un avistamiento en Melbourne de un "Bunyip o inmenso ornitorrinco" tomando el sol cerca de la Aduana, pero que luego desapareció cuando alguien se acercó. Esto hizo que se especulara aún más sobre el origen del cráneo, pero al final, se descubrió que se trataba simplemente del cráneo de un caballo o ternero deformado.

Otro relato destacado proviene de un convicto fugitivo llamado William Buckley, que vivió entre los aborígenes de Wathaurong durante décadas mientras huía de la ley. En su diario menciona al Bunyip, al que describe como "un animal anfibio muy extraordinario", estando presente en el lago Moodewarri, ahora lago Modewarre, así como en el río Barwon. Buckley lo explica como una criatura muy peligrosa conocida por matar a veces a personas que se aventuraban demasiado cerca de la orilla del agua, y afirmó haber visto a la criatura él mismo en más de una ocasión.

Buckley siempre contaba una historia específica, en la que describía a la criatura. Decía que nunca pudo ver ninguna parte de su cuerpo, excepto la espalda, que parecía estar cubierta de plumas de un color gris oscuro; parecía ser del tamaño de un ternero adulto. También contaba que existían nativos que habían visto la cabeza o la cola del animal, pero que nunca pudo entender a lo que se referían con su descripción.

También están las historias del explorador Edwin Stocqueler, quien en 1857 viajó a lo largo de los ríos Murray y Goulburn y vio a la criatura él mismo. Luego haría dibujos detallados de lo que había visto, que fueron bastante sensacionalistas en las noticias.

. . .

Un periódico de la época estableció, a partir de los hallazgos de Stocqueler, que el Bunyip es parecido a una gran foca de agua dulce, que tiene dos pequeñas patas o aletas unidas a los hombros, un cuello largo como un cisne, una cabeza como un perro y una curiosa bolsa que cuelga debajo de la mandíbula, que se asemeja a la bolsa en el pico del pelícano.

El animal está cubierto de pelo, como el ornitorrinco, y el color es negro brillante. El Sr. Stocqueler mencionaba que vio no menos de seis de estos curiosos animales en diferentes momentos, y aunque en alguna ocasión su bote estaba a diez metros de un Bunyip cerca de la batea de M'Guire en el Goulburn, y disparó, no logró capturarlo.

El más pequeño que Stocqueler vio, parecía tener unos cinco pies de largo y el más grande excedía los quince pies. La cabeza del más grande era del tamaño de la cabeza de un buey y estaba a un metro fuera del agua. Después de realizar un boceto del animal, el Sr. Stocqueler se lo mostró a varios miembros de la tribu Goulburn, quienes declararon que la imagen era "el hermano de Bunyip", es decir, un duplicado o una buena representación de la criatura.

. . .

Los animales se movían contra la corriente, a una velocidad de aproximadamente siete millas por hora, y el Sr. Stocqueler afirmaba que podría haberse acercado a los especímenes que observó, si no hubiese sido disuadido por las historias de los nativos sobre el poder y la furia del Bunyip, aunado al hecho de que su arma tenía un solo cañón, y su bote era de una descripción muy frágil.

Desafortunadamente, otros periódicos dieron descripciones diferentes del relato, e incluso Stocqueler se quejó de que los medios de comunicación estaban tergiversando y deformando su historia. Este es uno de los problemas con los muchos informes de Bunyip que llegaron a lo largo del siglo XIX, en el sentido de que a menudo fueron sensacionalistas en las noticias y rara vez se hizo un esfuerzo por llegar a una explicación racional de lo que se estaba viendo.

Esto, más la increíble variedad de apariciones diferentes reportadas, realmente dificulta llegar a una conclusión sobre lo que podría ser el Bunyip. ¿Fueron los avistamientos identificaciones erróneas de la vida silvestre local, focas o leones marinos fuera de lugar, ejemplos de criaturas prehistóricas sobrevivientes, o algo más?

. . .

Por alguna razón, parece haber un núcleo de relatos razonablemente buenos y anatómicamente consistentes del Bunyip, todos referidos a un 'perro-foca' de pelo oscuro y cabeza de perro. ¿Podrían todas estas ser descripciones de focas fuera de lugar? O tal vez, leones marinos, o grandes ornitorrincos, como han propuesto algunos zoólogos. En otras partes del mundo, se sabe que las focas han viajado río arriba durante miles de kilómetros (de hecho, hay focas sin litoral que habitan en lagos en Asia, Europa y América del Norte).

Sin embargo, el pelaje peludo, las orejas colgantes y el pelaje oscuro descritos en algunos relatos de Bunyip no recuerdan mucho a ninguna foca conocida, ni tampoco a ningún animal conocido. Existen ideas de que los relatos de Bunyip podrían referirse a especímenes supervivientes tardíos de Diprotodon (a menudo representados como un uombat del tamaño de un rinoceronte) o Palorchestes (un pariente semibípedo, vagamente parecido a un tapir, del Diprotodon), pero esto no tiene mucho sentido según las descripciones de Bunyip existentes.

Además, la idea de que cualquiera de los animales podría haber sobrevivido hasta los tiempos modernos no tiene evidencia y no es fácil de tomar en serio.

· · ·

Otras explicaciones sugeridas para los avistamientos de Bunyip incluyen avistamientos de peces grandes, cocodrilos e incluso del pato almizclero (*Biziura lobata*), un pato grande y extraño que tiene una papada enorme colgando de su mandíbula inferior.

Sea lo que sea, los avistamientos de Bunyip comenzaron a desvanecerse con la llegada del siglo XX, ya sea porque lo que fuera se había asustado o se había extinguido, o porque la idea de magia en la tierra y la creencia en la idea de los monstruos que acechaban en la periferia habían disminuido. Sin embargo, hay algunos informes de avistamientos esporádicos incluso hasta el día de hoy.

Un usuario de internet envió la historia de un avistamiento al sitio *The Pine Barrens Institute*, que parece describir un posible Bunyip, o al menos algo muy extraño. El testigo afirma haber estado en un lugar llamado Parque Nacional Coolendel en el área del río Shoalhaven, a unas 3 horas al sur de Sydney.

El extraño encuentro sucedió hace algunos años cuando el hombre realizó un viaje en campo con su novia.

. . .

La pareja viajó hasta el Parque Nacional Coolendel en la zona ribereña de Shoalhaven, a unas 3 horas en coche al sur de Sydney, acampando junto al río durante un fin de semana largo con un kayak para dos personas.

Era la segunda mañana del viaje, justo antes del anochecer y ambos se encontraban cerca del río principal. Aproximadamente a quince minutos a pie tierra adentro desde su campamento había un *billabong*, nombre australiano para un meandro, similar a un estanque, pero mucho más crecido con un arroyo bastante profundo y rápido que se alimenta en él.

El hombre estaba terminando de ocuparse de algunos 'asuntos' cuando escuchó un fuerte chapoteo en el agua. Inmediatamente dio la vuelta y miró en el agua, ayudándose con la linterna del teléfono para obtener una mejor visión. Se encontró con una cabeza de caballo/cocodrilo metida en el agua, con dos ojos enormes, flotando sobre el agua y mirándolo fijamente.

En esta parte específica de Australia, no hay manera de que pueda haber cocodrilos en la zona. Por un minuto o dos el hombre se quedó en un estado de asombro y miedo, únicamente mirando a la criatura.

. . .

Podía ver que lo que fuera esta cosa, flotaba lentamente hacia su dirección general. Este animal tenía una cola gruesa relativamente fuerte flotando en la parte superior del agua a un metro detrás de donde estaba su cabeza, pero no parecía reptil.

El hombre dio la vuelta y volvió corriendo a su tienda lo más rápido que pudo, diciéndole a su novia que empacara todo rápidamente y saltara a la canoa y continuara río abajo. Nunca volvió a ver a la criatura, aunque naturalmente, buscó en la red toda la información que pudo encontrar sobre esto.

Para él, la única explicación a la criatura que apareció ante él era que había visto a un Bunyip. Era eso, o un cocodrilo, pero su ubicación estaba demasiado al sur para eso. La pareja nunca volvió a Coolendel y juraron que nunca lo harían, pues para el hombre, fue la experiencia más aterradora de su vida.

Al igual que con muchos otros críptidos del mundo, parece que no hay un consenso real sobre con qué estamos lidiando, y nos quedamos preguntándonos qué era o es esta criatura completamente extraña. ¿Hay algo en los cuentos de Bunyip, o son todas leyendas aborígenes e historias espeluznantes de fogatas?

¿Sigue acechando o tal vez se haya ido para siempre, relegado al reino de los curiosos informes históricos y la tradición?

Cualquiera que sea el caso, una cosa segura es que el Bunyip ciertamente ocupa un lugar destacado entre algunos de los monstruos misteriosos más extraños que se dice que deambulan por las tierras salvajes de Australia.

4

Tokoloshe de Zimbabue

Los Tokoloshes pertenecen a la mitología zulú que habita Sudáfrica. Estas criaturas te atacan mientras duermes y se dice que son parte de la razón, mientras que muchas personas en la cultura zulú solían dormir con sus camas levantadas del piso.

El Tokoloshe de Zimbabue es grande, cubierto de piel, con largas garras y una columna vertebral huesuda que llega hasta la espalda desde la parte superior de su cráneo. También tiene ojos rojos brillantes, emite un hedor nauseabundo y habla con voz ronca. El miedo a ellos es tal, que muchas personas no duermen en el suelo y levantan sus camas lo más alto posible, colocando ladrillos debajo de las piernas. Esto les permite ver si hay uno escondido debajo de la cama antes de retirarse a dormir.

. . .

Hay una buena razón para temer a un Tokoloshe: se dice que se subirán a la cama con el habitante y, si éste es hombre, le morderán los dedos de los pies; mientras que, si se encuentran con una mujer, abusarán de ella... ¡Son criaturas viles de verdad! Algunas personas ni siquiera mencionan el nombre de Tokoloshe por temor a convocar a este invitado extremadamente desagradable.

Una persona lo puede convocar para infligir daño a otra, y si esto sucede, entonces un Nyanga (un brujo) puede intervenir y ahuyentar al ser maligno. Aunque solo la víctima y el culpable que lo maneja pueden ver un Tokoloshe, la criatura es claramente visible para los niños y es posible (aunque no común) desarrollar una amistad entre los dos.

A pesar de la descripción anterior, los Tokoloshe también se describen físicamente en una gran variedad de formas dependientes de la cultura que los caracterice. Una interrogante puede llegar a ser su tamaño, pues para algunos se describen como pequeñas criaturas humanoides (como gremlins o brownies) y otras veces se describen más como primates.

Estas criaturas son malévolas y muy peligrosas.

· · ·

Se dice que se arrastran hasta las habitaciones de las personas que duermen y causan todo tipo de estragos, desde simplemente asustar a los presentes hasta asfixiarlos con sus dedos largos y huesudos. Algunos parecen disfrutar especialmente asustando a los niños, dejándolos a menudo con largos rasguños en el cuerpo.

Una forma de mantener a raya al Tokoloshe es poner ladrillos debajo de las patas de la cama, pues se cree que esto te pondrá fuera del alcance y, con suerte, no serás el objetivo de los Tokoloshe. Sin embargo, éstas son criaturas invocadas por aquellos con habilidades mágicas (como las brujas) para causar estragos y dolor en una comunidad.

Una de las formas en que las brujas pueden mantener a los Tokoloshe dóciles es cortándoles el pelo de los ojos para poder verlo y alimentarlo con leche cuajada. Si un Tokoloshe continúa aterrorizando a un hogar o una comunidad, se convoca a un sangoma (médico brujo zulú) o nyanga para exorcizar el área y/o el hogar con el uso de *muti*, una especie de magia tradicional practicada por el sangoma.

Pero, ¿por qué el Tokoloshe era una criatura tan prominente y aterradora?

¿Y por qué solo ataca a los dormidos? Bueno, en realidad podría haber una razón muy real y aterradora para la creación de esta criatura.

Regresemos a los arreglos para dormir rápidamente. Como se mencionó anteriormente, las camas elevadas son una forma importante de combatir el Tokoloshe. Tradicionalmente, muchos sudafricanos en áreas plagadas de mitos sobre el Tokoloshe dormían sobre alfombras de pasto alrededor de un fuego de leña cálido que los mantendría calientes durante las amargas noches de invierno. Sin embargo, a veces, inexplicablemente, a la mañana siguiente se encontraban muertas a personas sanas.

¿Por qué? Bueno, se decía que por el Tokoloshe por supuesto. Pero existe la teoría de que dormir cerca del fuego en sus casas puede haber agotado los niveles de oxígeno y haber llenado la casa con dióxido de carbono.

Como es más pesado que el aire puro, se hundiría hasta el fondo de la casa donde dormía la gente, por lo tanto, personas aparentemente sanas y, a veces, familias enteras serían encontradas muertas.

. . .

Se encontró un paralelo entre los durmientes elevados y la prevención de muerte, por lo que el Tokoloshe se contó como una historia para advertir a los que dormían cerca del suelo (y del fuego). Si bien podría no ser una criatura malévola real, lo que mantuvo alejado a un Tokoloshe también alejaría la muerte del monóxido de carbono.

Hay una historia en el folclore de Zimbabue que habla de una hermosa mujer que solía bañarse en un río en la provincia de Manica en las tierras altas del este todos los días. Un Tokoloshe que vivía en el agua se enamoró de ella, y un día mientras se bañaba "le propuso amor".

Naturalmente, ella estaba horrorizada y corrió a casa con su novio humano, quien rápidamente hizo su propia "propuesta" y le dio nueve brazaletes como regalo de compromiso.

Encantada, la bella mujer se los puso al día siguiente y no los dejó cuando se fue a bañar, y así, al verlos, el Tokoloshe se enfadó tanto que la agarró, le cortó el brazo que llevaba los brazaletes y lo tiró al río.

Increíblemente, a principios de la década de 1940, un buscador llamado Capitán Valentine encontró los restos de un brazo humano y nueve brazaletes enterrados en la arena en la orilla del río, y los entregó al Museo de Harare en 1953... aparentemente los brazaletes todavía se encuentran allí.

También se dice que, en 1999, una mujer que vivía en la segunda ciudad más grande de Bulawayo convocó a un brujo para que exorcizara su casa, creyendo que su criada se había puesto en contacto con un Tokoloshe y le había pedido que perjudicara a sus empleadores. El brujo se deshizo de él, y la criada enfermó y dejó de prestar sus servicios a sus patrones.

Parece que los Tokoloshes estaban ocupados ese año, porque un miembro del Parlamento, irónicamente el hombre a cargo de la seguridad del presidente del país, Robert Mugabe, culpó a un empleado descontento por enviar no uno, sino tres Tokoloshes para atacarlo.

En el mismo año (Zimbabue obviamente tiene una superpoblación de Tokoloshe) seis maestras de la misma escuela en Gurvuve, una aldea en el centro de Zimbabue, renunciaron a su trabajo debido a acusaciones de que un colega había convocado a un Tokoloshe para dominarlas y así, el maestro pudiera "salirse con la suya" con ellas mientras dormían.

5

La bestia de Gévaudan

Francia es un país famoso por la comida, el vino, el chovinismo y el pavor existencial, una especie de crisis interna banal pero empalagosa, popularizada por filósofos como Jean-Paul Sartre en el siglo XX. Esta crisis se centra en el dolor de ser un ser humano de libre pensamiento y acción cargado de responsabilidades.

Pero antes de que la gente francesa promedio tuviera el tiempo libre, el espresso y los cigarrillos para pensar mucho en la infelicidad, hubo otro tipo de crisis en Francia: la clase de crisis en la que las bestias del infierno que viven en el interior del mundo evisceran a cientos de mujeres y niños.

. . .

Entre 1764 y 1767, algo mató a mucha gente en y alrededor de los bosques de Gévaudan en el sur de Francia. Las fuentes varían en los detalles, pero más de 100 personas fueron mutiladas o asesinadas por algún diablo, una pesadilla rural errante con un modus operandi consistente: prefería atacar a mujeres y niños, a menudo arrancándoles la garganta y luego comiendo sus cabezas.

Mientras que el miedo existencial, 150 años más tarde, derivaría en un miedo humano a vivir, la Bestia de Gévaudan encarnó el miedo animal universal a ser devorado por los depredadores, en una época en la que muchas personas vivían muy cerca de la naturaleza.

Si bien esta ola de asesinatos solo duró unos pocos años, el misterio de qué, o quién, mató a los aldeanos de Gévaudan permanece hasta el día de hoy, lo que generó especulaciones entre los estudiosos modernos y las películas de acción francesas de 2001 por igual. Pero, ¿qué era? ¿Actuaba solo?

Si bien la nobleza francesa del siglo XVIII normalmente se habría preocupado más por extraer mano de obra no remunerada de los campesinos que por su bienestar general, la noticia de una bestia pisando fuerte por la pintoresca campiña francesa y alimentándose de las cabezas de mujeres y niños inocentes era lo suficientemente macabra como para inculcar un cierto sentido de obligatoriedad en las clases altas terratenientes.

El rey Luis XV debe haber sido un verdadero fanático del crimen, o al menos un fanático de distraer a sus súbditos de una reciente serie de derrotas militares a los británicos y prusianos, así como de una economía francesa fallida en general, pues decidió tratar de cazar a la Bestia.

Lanzó un montón de dinero y hombres al problema, sin hacer preguntas. De hecho, fue tan generoso en este frente, que incluso permitió que varios nobles gastaran su propio dinero en el problema. En total, se recurrió a un verdadero ejército de civiles, cazadores, sabuesos y también al ejército real para poner fin a esta Bestia.

El Reino de Francia tenía algunas ideas aproximadas de lo que podrían estar buscando. No a todas las víctimas les arrancaron la cabeza. Algunos, como el pequeño Jacques Portefaix o Marie-Jeanne Vallet, lograron defenderse de la Bestia y se convirtieron en héroes populares a medida que se difundían sus historias.

. . .

Tales relatos de sobrevivientes llevaron a algunas descripciones aproximadas y variadas del atacante. La bestia tenía el aspecto físico general de un lobo, pero era del tamaño de un ternero, que, dependiendo de la edad exacta, puede pesar varios cientos de libras. Dependiendo de la fuente, la bestia tenía un pelaje rojo con rayas en la espalda o un negro azabache que la hacía fundirse en la noche.

También tenía un hocico largo que, por turnos, le hacía parecer un ternero, un cerdo o un lobo; tenía grandes garras, o pezuñas, o grandes patas con pezuñas en lugar de garras. Las representaciones habladas hicieron poco para reducir la lista de sospechosos, entonces y ahora.

Los bocetos de la Bestia aparentemente son anteriores a las representaciones precisas de la fauna o la capacidad humana para dibujar un perro, por lo que la mayoría de las imágenes muestran lo que parece ser una ardilla del tamaño de un oso con una cola calva, dibujada por alguien que solo había leído sobre cuadrúpedos en los libros y que quizás no supiera leer tan bien.

Las habilidades, algunas de ellas sobrenaturales, atribuidas a la Bestia eran un salto asombroso y la capacidad de pararse sobre sus patas traseras suenan como si fueran bípedos, además de tener la piel a prueba de balas y la habilidad de la inmortalidad.

Muy bien, por supuesto, ha habido muchas conjeturas a lo largo de los años. Como te podrás imaginar a partir de las descripciones anteriores, hay una amplia gama de sospechosos que podrían incluirse en una alineación.

La combinación de todas las características antes mencionadas produce una especie de monstruosidad híbrida que carece de cualquier tipo de base en zoología, en lugar de algo real, como un felino renegado o un antílope salvaje.

Existen algunas conclusiones generadas a lo largo de los años, buscando explicar la presencia de la Bestia de Gévaudan.

Existe alguna evidencia aproximada de que uno o dos lobos grandes y rebeldes pueden haber sido responsables de al menos algunos de los ataques en Gévaudan. En septiembre de 1765, el propio guardaespaldas y pistolero de Luis XV, François Antoine, disparó y mató al primero de estos cánidos. Incluso recibió una recompensa por hacerlo, pero el alivio duró poco.

· · ·

Después de dos meses, se reanudaron las matanzas, con otros 30 muertos aproximadamente en el transcurso de un año y medio, y esta vez sin la ayuda del rey, quien asumió que el problema había sido resuelto. En junio de 1767, Jean Chastel, un granjero local, logró capturar a otro lobo grande, y las matanzas parecen haber cesado después de esto. Estos lobos asesinados se unieron a otros 100 o más lobos asesinados en la región durante este tiempo, por lo que estaba claro que los lobos eran el sospechoso predeterminado.

En ese momento, los lobos eran el segundo animal más amenazador, después de otros humanos. Se atribuyeron muchas muertes a los ataques de los lobos y, por lo que sabemos, eso es lo que sucedió aquí. Pero la investigación moderna sobre lobos no parece respaldar la teoría del lobo de Gévaudan. Es raro que los lobos se desvíen de su camino para atacar a los humanos (prefieren evitarnos), y la caza sola no es típica de estos animales.

Es posible que hubiera más de una Bestia de Gévaudan, dada la línea de tiempo y las ubicaciones de los ataques, así como las diferentes descripciones de apariencia, pero no parecen haber funcionado juntas. Aun así, la hipótesis del lobo es válida para algunas fuentes, por ejemplo, el autor Jay M. Smith llegó a la conclusión de que la Bestia era en realidad una infestación de lobos.

El líder de infantería local, el capitán Jean Baptiste Duhamel, impulsó por su parte, la teoría de que se trataba de un monstruo, cuyo padre era un león y sin tener un dato conocido sobre la madre de la criatura. El naturalista francés Michel Louis, postuló en 2001 que la Bestia fue engendrada por el mastín rojo de Jean Chastel y estaba blindada con piel de jabalí, de ahí la protección contra balas y los colores extraños.

Otras versiones dicen que la Bestia de Gévaudan perteneciera a una especie o subespecie desconocida. Tomemos, por ejemplo, la hiena europea o los mesoniquios; estos animales tienen un parecido asombroso con las descripciones populares de la Bestia, a pesar de que ambos pertenecen a familias extintas hace ya un largo tiempo.

Una última teoría dice que la fisiología de la Bestia, la extraña configuración de la piel, los métodos de caza, los patrones de ataque y la preferencia por el campo abierto apuntan hacia algo parecido a un gran felino macho subadulto. Sin embargo, sonaría lógico que los lugareños supieran cómo se veían estos animales, así que, si en realidad fuera un felino, ¿realmente tendríamos tantas preguntas sobre su apariencia o comportamiento?

. . .

Las cosas empiezan a tener más sentido si se considera que pudo haber sido un animal exótico, algo que los campesinos no podrían nombrar, que había sido traído en cautiverio a la región por un rico coleccionista. Si de hecho se trataba de un león macho juvenil, su joven melena color melocotón podría explicar la extraña coloración y el pelaje. Usaba sus garras como armas, prefería estrangular las gargantas de las víctimas, atacaba al ganado grande saltando sobre sus espaldas y dejaba cráneos pulidos atrás, evidencia de una lengua áspera y felina lamiendo hasta dejarlos limpios.

Un contexto más amplio podría ayudarnos a resolver esto. La Bestia de Gévaudan fue una (o dos, o tres) de un gran número de "bestias" responsables de los ataques en Francia durante los siglos XVII y XVIII. A pesar de las miles de explicaciones que se le podrían atribuir a la existencia de la Bestia, su memoria ha perdurado, y es posible que en algún momento alguien te advierta sobre el cuidado que debes tener dentro de los bosques de Gévaudan.

6

El Snallygaster de Maryland

El Snallygaster es un misterioso críptido desconocido que se dice que parece un dragón. La leyenda de esta criatura se originó con inmigrantes alemanes que se establecieron en el condado de Frederick en Maryland central. Maryland es un estado del Atlántico Medio que se define por sus abundantes vías fluviales y costas en la Bahía de Chesapeake y el Océano Atlántico. Es un estado vecino al oeste de Nueva Jersey.

La historia de los alemanes en Baltimore comenzó en el siglo XVII. Esta área fue colonizada por primera vez por inmigrantes alemanes a partir de la década de 1730. La bestia parecida a un dragón, supuestamente habitaba las colinas boscosas que rodean los condados de Washington y Frederick en el estado de Maryland, EE. UU.

. . .

La etimología de "Snallygaster" es en realidad una mala pronunciación de la palabra alemana Schnellegeister, que es en sí misma una corrupción del término alemán "schnelle geist" o "espíritu rápido". Se decía que los inmigrantes alemanes le tenían un miedo morboso.

Se sabía que los llegados de Alemania pintaban hexágonos rojos en sus graneros para alejar a los espíritus malignos, y siguieron esta misma tradición cuando llegaron a Pensilvania y Maryland. Existe cierta información histórica sobre el Snallygaster y es una de las criaturas criptozoológicas más extrañas de la historia de los Estados Unidos.

Los testigos que supuestamente lo vieron generalmente describieron al monstruo como un reptil parecido a un dragón con alas enormes, un pico grande y garras afiladas, específicamente "garras como ganchos de acero".

Según se informa, esta criatura hace ruidos chirriantes "tan fuertes como el silbido de un tren" y le gusta la sangre humana.

A finales de la década de 1920 y principios de la de 1930, el monstruo causó sensación en el condado de Frederick,

Maryland. Jason Burns, un investigador de Snallygaster, escribió un ensayo sobre la criatura basado en viejos artículos de periódicos históricos al respecto. Los periódicos viejos dieron mejor información sobre su apariencia, describiéndolo como una bestia parecida a un dragón chupa sangre con alas, garras, tentáculos, pelaje, cuernos y una larga cola de reptil. Se dice que parece un dragón verde con escamas y alas.

También aparentemente tenía un olor sulfúrico horrible y un rugido espeluznante. Las primeras historias afirman que este monstruo chupó la sangre de sus víctimas. Un grupo de leñadores afirmó haberse topado con uno de los nidos de la criatura, que estaba encaramado en un acantilado alto y contenía un huevo "lo suficientemente grande como para incubar un caballo".

Las historias más antiguas sobre Snallygaster dicen que vivía en cuevas. Muchos de estos relatos antiguos describen un escenario premonitorio de un monstruo volador aterrador que se zambulle como un depredador, ataca desde los cielos y se lleva a los niños y al ganado.

Esto es exactamente lo que se dice que hizo el *Thunderbird* según muchos de los cuentos populares orales tribales de los nativos americanos que se han transmitido de generación en generación.

Semanas después de la visita del Diablo de Jersey (otra criatura críptida) a Nueva Jersey en enero de 1909, comenzaron a llegar informes que decían que la gente había visto al monstruo volador Snallygaster en el condado de Frederick a principios de febrero de 1909. El *Cumberland Evening Times* informó del primer avistamiento del críptido en Middletown en 1909. La historia también se publicó de manera destacada en el *Valley Register de Middletown*, un periódico semanal, durante aproximadamente un mes.

En los primeros números, la bestia voladora parecía estar en todas partes, Nueva Jersey, Virginia Occidental y Ohio. Supuestamente creó un gran revuelo en Nueva Jersey, donde sus huellas se descubrieron por primera vez en la nieve. La historia de Snallygaster fue iniciada por la noticia en la portada de la portada del Middletown Valley Register el 12 de febrero de 1909.

Era una historia sensacional, recién salida de la prensa… pero era una historia falsa.

. . .

El editor y editor del *Middletown Valley Register*, George C. Rhoderick, y un periodista llamado Ralph S. Wolf, revivieron la historia de Snallygaster para impulsar la circulación de su periódico con una serie de artículos aterradores sobre la criatura que se dice que incluso atrapó la atención de Teddy Roosevelt.

Thomas C. Harbaugh, de Casstown, Ohio, escribió una carta al *Valley Register* a principios de 1909, contando de una extraña bestia que voló sobre él haciendo terribles chillidos y mencionó que venía en su dirección. Harbaugh lo describió como si tuviera dos alas enormes, una cabeza grande y córnea y una cola de seis metros de largo. El hombre escribió con varios seudónimos y con su propio nombre. Sin embargo, resulta que Harbaugh era un amigo personal de Rhoderick y, de hecho, nació y se crió en Middletown, Maryland, lo que la convierte en otra historia falsa.

Una gran cantidad de publicidad rodeó esta serie de apariciones, y luego la Institución Smithsoniana ofreció una recompensa de $100,000 por la bestia. Rhoderick y Wolf ayudaron a avivar las llamas para difundir el interés en su historia, suplicando por otro lado a sus lectores que mantuvieran la calma.

. . .

Las noticias de los ataques crecieron, lo que llamó la atención de la Casa Blanca. El alboroto de Snallygaster fue tan prolífico y aterrador que atrajo la atención del presidente Theodore Roosevelt, quien supuestamente planeaba matar y montar a la bestia para exhibirla en la Institución Smithsoniana en Washington, DC.

Según los informes, el presidente Theodore Roosevelt consideró posponer un safari africano para cazar personalmente a la bestia. Pronto, otros periódicos comenzaron a reportar sobre el Snallygaster, el *Baltimore Sun* publicó artículos, al igual que el *Washington Post*. A medida que aumentaba el escrutinio, surgió más presión para capturar o fotografiar al monstruo.

Supuestamente, National Geographic estaba preparando una expedición para capturarlo en una película. La notoriedad duró casi 30 días, hasta que la feria de fanáticos de la tradición falsa se extinguió silenciosamente, tal vez debido al calor de la Casa Blanca por asustar al público con historias falsas.

Pero la criatura seguía siendo vista ocasionalmente por personas cuyas historias ayudaron a mantener viva la leyenda del Snallygaster.

. . .

Se dice que el Snallygaster fue visto sobrevolando South Mountain desde Middletown y fue visto por Charles F. Main en las cercanías de Braddock Heights. El Sr. Main era un residente de Middletown y empresario de helados. Main afirma que vio a la criatura en noviembre de 1932, 23 años después del primer avistamiento, en una mañana, regresando a Middletown desde Frederick.

Main dijo que vio a la criatura volando a no más de 25 pies (7,62 metros) del suelo. Dijo que la extensión de su ala parecía estar entre 12 y 14 pies (3,66 -4,27 metros). A veces lanzaba largos brazos parecidos a serpentinas similares a un pulpo, pero los atraía de nuevo. Quizás tenía un pulpo en la boca.

El Snallygaster, agregó, cambió de color varias veces, apareciendo primero en negro y luego en blanco. Si esta historia era realmente cierta, lo único que se puede imaginar es que era negra y relucía bajo el sol. Los primeros avistamientos se informaron en los periódicos de Maryland, que se remontan a 1906, cuando se vio uno cerca de Frederick. En 1948, se volvió a ver al Snallygaster, elevándose por encima de las agujas de Westminster, Maryland.

7

Taniwha de Nueva Zelanda

Los Taniwha son criaturas sobrenaturales del mito y la leyenda maoríes. Viven en piscinas profundas, ríos, cuevas oscuras y el océano.

Las aguas en las que viven son normalmente peligrosas, con fuertes corrientes y oleaje agitado.

Las tribus maoríes tienen sus propias historias y leyendas tradicionales y, por lo tanto, diferentes actitudes hacia los taniwha. Algunas tribus ven a los taniwha como 'kaitiaki' o 'protectores del pueblo'. Creen que los taniwha son fuerzas para el bien, que protegen a las personas y su tierra. Otros se describen como aterradores y peligrosos.

. . .

En algunas historias, los taniwha secuestran a personas, generalmente mujeres, para poder mantenerlas como esposas.

Cuando son respetados por los humanos, los taniwha parecen respetar y proteger a los humanos a cambio. En las historias, pueden comunicarse con los humanos a través de sacerdotes, transmitiendo advertencias sobre enemigos que se acercan u otros mensajes importantes. A veces asumen responsabilidades de protección para familias enteras y reciben obsequios como agradecimiento. La primera kumara (batata) y el taro de temporada son obsequios habituales.

Como resultado de su tutela, el término "taniwha" se ha adoptado como otra palabra para "jefe" en la cultura maorí. Algunos taniwha tienen asociaciones cercanas con ciertas tribus o regiones de Nueva Zelanda.

Sin embargo, los taniwha también pueden crear enemigos feroces. No protegen únicamente a las personas, sino que ven al océano como un lugar sagrado y castigan a quien no lo respeta. O incluso, los taniwha que tienen fuertes lazos con tribus particulares pueden ser peligrosos para las personas que pertenecen a otros.

. . .

Hay muchas historias que describen batallas entre taniwha y guerreros maoríes, después de que un taniwha mata a un humano. En una historia, una de estas batallas termina con el estómago del taniwha abierto para revelar varias personas, armas, dardos, adornos y lujosas capas de piel, todo intacto en el interior.

En algunas otras historias, la gente se convierte en taniwha cuando muere. Esto les sucede a menudo a los sacerdotes que actúan como intermediarios entre los taniwha y las tribus. Algunos taniwha se casan con humanos; en las historias, hay ejemplos de hombres humanos que se casan con mujeres taniwha y mujeres humanas que se casan con hombres taniwha.

En los últimos años, los taniwha se han convertido ocasionalmente en un problema legal en Nueva Zelanda. En 2002, una tribu maorí exigió que se cambiaran de ruta los planes para construir una nueva carretera para evitar molestar a su aliado taniwha. La empresa responsable de planificar la construcción de la nueva carretera pudo llegar a un acuerdo con la tribu, una vez que aseguraron que se respetaría el hábitat de los taniwha.

Los taniwha son normalmente reptiles y se parecen a los geckos o tuatara, con espinas corriendo por la espalda.

Algunos tienen alas y se parecen a los dragones. Por otro lado, los taniwha de mar y agua dulce tienen cuerpos similares a los de tiburones y ballenas. Normalmente se muestran más como peces, con colas muy largas y poderosas. La palabra maorí para 'gran tiburón blanco' es 'mangō-taniwha'.

Sin embargo, taniwha se puede representar de muchas formas diferentes. Hay versiones de taniwha que parecen pulpos y troncos flotando en la superficie del agua, de manera similar a los cocodrilos. Es posible que algunas de las leyendas de los taniwha provengan de los cocodrilos de agua salada que, durante ciertos períodos, pudieron cruzar el océano desde Australia continental.

A pesar de esto, se sabe que los inviernos de Nueva Zelanda son un poco demasiado fríos para que los cocodrilos de agua salada los soporten y, por lo tanto, si bien pueden haber inspirado algunas de las primeras leyendas, es poco probable que hayan podido sobrevivir por mucho tiempo.

Los taniwha son muy grandes y fuertes. Algunos pueden atravesar la Tierra y, según la leyenda, sus cuerpos y su comportamiento han afectado gran parte del paisaje de Nueva Zelanda.

En algunas historias, los taniwha incluso pueden cambiar la forma de sus cuerpos. Viven en ambientes acuosos, que van desde piscinas profundas hasta ríos, enormes océanos y lagos.

Existe una historia que, de acuerdo a la leyenda maorí, cuenta que hace mucho tiempo, el puerto de Wellington era un lago lleno de peces de agua dulce. Había dos taniwha que vivían en el lago. Sus nombres eran Ngake y Whātaitai. Ngake era enérgico y ansioso por la aventura, pero Whātaitai era mucho más tranquilo y gentil.

Mientras Ngake perseguía peces y anguilas, a Whātaitai le gustaba tomar el sol y soñar despierto. Cuando estaban en el lado sur de la tarde, los hermanos podían escuchar el sonido de las olas rompiendo contra la orilla y a menudo se preguntaban cómo sería vivir en el mar. Los pájaros volaban a menudo al lago y les contaban historias sobre el océano: *"es tan hermoso"*, dijeron, *"¡Tan amplio y vasto! ¡No puedes imaginar cómo es!"*.

Ngake y Whātaitai sabían que el océano era el hogar del poderoso Tangaroa, el dios del mar, su esposa, la hermosa Hinemoana y sus hijos. *"Hay criaturas con las que nunca podrías soñar escondidas en el agua"*, dijeron los pájaros.

· · ·

Whātaitai soñó con el océano y se contentó con imaginar sus secretos. Ngake, sin embargo, se sintió frustrado y quería ver el océano por sí mismo. Pasó el tiempo, los taniwha crecieron y Ngake se impacientó cada vez más. Finalmente, logró convencer a Whātaitai de que deberían intentar escapar del lago.

Ngake se lanzó a través del lago, sobre la orilla y se estrelló contra el acantilado. Grandes trozos de roca cayeron de la pared del acantilado y se rompieron, pero Ngake trepó y llegó al mar. Mientras se movía, creó un canal en su camino hacia Te Moana o Raukawa (el Estrecho de Cook). ¡Por fin era libre!

Whātaitai intentó seguir a su hermano, sin embargo, él no era tan fuerte y no llegó al mar. En cambio, se quedó atrapado en la tierra entre el mar y el lago. Allí permaneció muchos años. Las mareas subieron, humedecieron su piel y le llevaron pescado fresco para comer. Las criaturas del mar se convirtieron en sus amigos y compañeros.

Un día, hubo un gran terremoto y Whātaitai fue lanzado al aire. Su cuerpo se elevó por encima del nivel del mar y después cayó estrepitosamente. A esta gran altura, su cuerpo se convirtió en piedra. Su espíritu se convirtió en un pájaro y se le dio un nuevo nombre: Te Keo.

Te Keo voló a Matairangi (Monte Victoria), donde miró su cuerpo de taniwha y lloró.

Muchos de los lugares de la historia de los taniwha están vinculados a lugares reales de Nueva Zelanda. La piedra que una vez fue el cuerpo de Whātaitai se llama Hataitai. La cumbre de Matairangi se llama Tangi Te Keo, que significa 'el llanto de Te Keo'. El corte hecho por la fuerza de Ngake es el río llamado Te Awakairangi o 'Río de Hutt'.

Las rocas que cayeron del acantilado cuando Ngake intentó saltar por primera vez se llaman Te Aroaro o Kupe (roca de acero) y Te Tangihanga o Kupe (arrecife birreta). Estas rocas son notorias entre los marineros: deben tener mucho cuidado para evitarlas cuando ingresan al puerto. Algunos dicen que Ngake todavía nada en las aguas del Te Moana o Raukawa ...

8

El místico Pie Grande

PIE GRANDE es una criatura humanoide grande y misteriosa que habita las áreas silvestres y boscosas de Oregón y la costa oeste de América del Norte. A Pie Grande también se le conoce como Sasquatch, del nombre Sasq'ets, del idioma Halq'emeylem hablado por los pueblos de las Primeras Naciones en el suroeste de la Columbia Británica.

La mayoría de las personas que creen en la existencia de Pie Grande, o afirman haber visto uno, relatan que son bípedos cubiertos de pelo con rasgos simiescos de hasta dos metros y medio de altura que dejan huellas correspondientemente grandes.

. . .

Generalmente se caracterizan por ser animales no agresivos, cuya timidez e inteligencia humana los hace esquivos y, por lo tanto, raramente vistos, aunque algunos viajeros del desierto afirman haber olido su hedor o escuchado sus gritos y silbidos.

Algunos antropólogos físicos, como Jeff Meldrum en la Universidad Estatal de Idaho y Grover Krantz en la Universidad Estatal de Washington, han abrazado la realidad biológica de Pie Grande basándose en su examen de la filmación de 1967 de un supuesto Pie Grande tomada en las Montañas Klamath del norte de California; o en su análisis morfológico de huellas, algunas de las cuales exhiben crestas dérmicas, como las encontradas en la década de 1980 por un empleado del Servicio Forestal de EE. UU. en las Montañas Azules del noreste de Oregón.

La mayoría de los científicos, sin embargo, siguen siendo escépticos y descartan el fenómeno como el producto de la identificación errónea de animales conocidos o engaños elaborados, con huellas ingeniosamente plantadas para engañar.

Con el tiempo, las historias sobre Pie Grande han entrado en la tradición oral y se han convertido en parte del folclore regional. El registro histórico de Pie Grande en el país de Oregon comienza en 1904 con los avistamientos de un "hombre salvaje y peludo" por los colonos en el área del río Sixes en Coast Range.

Relatos similares de mineros y cazadores siguieron en décadas posteriores. En 1924, los mineros en Mount St. Helens afirmaron haber sido atacados por "simios" gigantes, un incidente ampliamente reportado en la prensa de Oregon. Los nativos americanos locales usaron este evento para discutir públicamente su propio conocimiento de tsiatko, hirsutos "indios salvajes" de los bosques, tradiciones documentadas por primera vez en 1865 por el etnógrafo George Gibbs.

Después de 1958, los trabajadores forestales al este y al oeste de las montañas Cascade comenzaron a informar que vieron criaturas y descubrieron sus inmensas huellas a lo largo de los caminos forestales, lo que aumentó el reconocimiento público del nombre Pie Grande. Los testigos observaron a estos llamados humanoides cruzando caminos por la noche, caminando furtivamente a través de bosques y terrenos montañosos, o cavando y comiendo ardillas de tierra en montones de rocas.

. . .

Pie Grande entró rápidamente en la cultura ocupacional de los madereros, manifestándose como historias serias, bromas, esculturas con motosierra y grabados fabricados como chistes divertidos. En la década de 1970, el ex cazador de Yetis, Peter Byrne, había establecido el Centro de Información de Pie Grande en The Dalles, ganando la atención de los medios nacionales por su documentación de testimonios de testigos presenciales y huellas aducidas como evidencia de una nueva especie de primate. Siguen encontrándose huellas en la tierra o la nieve y se informa a varios grupos organizados que han seguido los esfuerzos de Byrne.

Los nativos americanos de Oregón han situado cada vez más a Pie Grande dentro de los sistemas de creencias tradicionales como seres con un significado cultural profundamente arraigado. Las tribus de la costa de Oregón relacionaron a Pie Grande con cuentos antiguos de "hombres salvajes" que acechaban cerca de las aldeas y dejaban huellas inmensas, como se describe en los cuentos de Clara Pearson del Nehalem Tillamook.

Los miembros de las tribus de Plateau, como los de la reserva de Warm Springs, identifican a Pie Grande como un "indio palo", una categoría diversa de seres potencialmente hostiles que robaron salmón o confundieron a la gente silbando, provocando que se perdieran.

Los avistamientos y las historias continúan en las reservas hoy, lo que representa una conexión espiritual con el pasado anterior al contacto y la resistencia del patrimonio cultural indígena.

Más recientemente, Pie Grande en la cultura popular se ha convertido en una serie de mascotas deportivas, entretenimientos para niños y reality shows criptozoológicos. También se ha promovido de manera lúdica en la legislación y las celebraciones estatales. Los políticos tanto en Oregon como en Washington han propuesto proyectos de ley para proteger a las criaturas de los cazadores, y los humanoides peludos han servido como mascotas oficiales del estado, primero como *Harrison Bigfoot* para el Centennial de Washington en 1989 y luego como *Seski the Sasquatch* para el Sesquicentennial de Oregon en 2009.

Varios escritores destacados han reflexionado cuidadosamente sobre la tradición de la literatura que explora las actitudes cambiantes hacia el mundo natural. A través de la ficción y la escritura científica, han descrito a Pie Grande como una especie de mega fauna carismática que surgió en el imaginario ambiental moderno como un ícono de encantamiento y peligro, empleado para re-mitificar las conexiones entre los humanos y la naturaleza en los paisajes comprometidos, pero no irredimibles de la región.

En *The Klamath Knot* (1984), por ejemplo, el historiador natural David Rains Wallace usa a Pie Grande para discutir especies relictas, temas míticos y narrativas evolutivas en su retrato de las montañas Klamath. En *Where Bigfoot Walks* (1995), el lepidopterista Robert Michael Pyle escribe sobre su búsqueda personal de evidencia de Pie Grande en las montañas del Columbia River Gorge mientras contempla la necesidad humana de vida salvaje y lo que él llama la "división" entre humanos y animales.

La novelista Molly Gloss, con sede en Portland, toma prestado tanto de las tradiciones nativas americanas como del legado de la primatología feminista en Wild Life, una elegante ficción de sensibilidades ecológicas y misterio zoológico en la parte baja del río Columbia a principios del siglo XX.

Al igual que el salmón, Pie Grande se ha convertido en un importante recurso simbólico a través del cual muchos residentes de Oregón y del noroeste han definido sus identidades y han considerado su lugar en el mundo natural.

9

La bruja Baba Yaga

En el reino Tres Veces Décimo, más allá de las Tres Nueve Tierras, florece un mundo vívido lleno de lobos parlantes, pájaros de fuego relucientes, soldados inmortales y una cantidad verdaderamente improbable de niños llamados Iván y niñas llamadas Vasilisa. Pero por encima de todos estos elementos fantásticos de los cuentos de hadas y el folclore ruso, se encuentra la aterradora Baba Yaga, una bruja voraz del pantano que solo quiere devorar a los niños gordos después de obligarlos a hacer las tareas del hogar.

Claro, Baba Yaga es rusa, da miedo y quiere comerte, pero hay mucho más. ¿Cómo sabes cuando has encontrado un Baba Yaga y no solo una bruja del bosque genérica?

. . .

¿Definitivamente te va a comer, o en su lugar podría desempeñar el papel de una figura materna benéfica pero todavía vagamente siniestra? ¿Puedes acudir a ella por un buen trato en un buen caballo?

Si bien el origen exacto del nombre Baba Yaga es difícil de precisar, la parte baba es bastante fácil: es una palabra eslava que significa anciana, abuela o bruja, relacionada con la palabra rusa moderna más familiar para abuela, babushka.

La parte "yaga" (que se pronuncia con acento en la segunda sílaba, por cierto) es más difícil de precisar. Es posible que sea un diminutivo del nombre eslavo Jadwiga, pero también existe la posibilidad de que provenga de varias palabras eslavas que significan "abuso", "serpiente" o "malvada". Así que "terrible bruja" o la obviamente superior "abuela espeluznante" son traducciones sólidas.

El folclore ruso abunda en historias que presentan a Baba Yaga, y la vieja bruja puede variar enormemente de una historia a otra, a veces un villano siniestro claro, a veces una figura materna sobrenatural. Pero ya sea que sea una bruja malvada o un hada madrina, su apariencia general es bastante consistente.

. . .

La Baba Yaga generalmente se describe con una nariz anormalmente larga, a veces se dice que se estira hasta el techo cuando duerme, y dientes de hierro. A menudo se dice que es como ver piel y huesos, a pesar de su apetito voraz; su epíteto común es "piernas huesudas".

Sin embargo, su prodigioso tamaño es uno de los elementos más amenazantes de su presencia: los héroes de las historias que entran a su casa a menudo la encuentran tendida encima de su enorme estufa que se extiende de un extremo a otro de la casa.

Si bien las narices largas y los dedos huesudos pueden ser un aspecto común para las brujas de los cuentos de hadas, Baba Yaga realmente se destaca por su medio de transporte más común. Se sabe que Baba Yaga se desplaza sentándose en un mortero volador gigante que dirige con un mortero proporcionalmente grande, que sirve como una especie de timón mágico.

A medida que pasa volando, barre sus huellas con una escoba de abedul, sin dejar rastro detrás de ella, un hábito frustrante para lo que sea que sea el equivalente para Baba Yaga de los cazadores de Pie Grande.

. . .

Una de las señales más seguras de que te has encontrado con Baba Yaga es su casa. Es una de esas cosas que "definitivamente sabes cuando lo ves". Por ejemplo, es posible que no estés seguro/a de si la casa que viste en realidad estaba hecha de pan de jengibre o si esa casa espeluznante en la esquina está realmente encantada. Pero no hay duda de que la choza sobre las patas de pollo es de Baba Yaga. Y no es una mención figurativa. Baba Yaga vive en un gallinero.

Como explica la *Encyclopedia of Fairies in World Folklore and Mythology*, Baba Yaga vive en una cabaña hecha de troncos encaramada sobre un par de patas de pollo gigantes, móviles y danzantes.

La casa puede moverse con estas piernas, y se sabe que Baba Yaga le pide a la casa que dé la vuelta cuando lo necesita. Esto es una especie de medida de seguridad, ya que la casa no se volverá para revelar su puerta a alguien que se acerque a ella hasta que diga la frase mágica: *"Da la espalda al bosque, tú frente a mí"*.

Sin embargo, la naturaleza desagradable de la casa no se limita a las piernas.

. . .

El ojo de la cerradura de la puerta es una boca llena de dientes afilados como navajas, y la cerca alrededor de la cabaña está hecha de huesos humanos rematados con lámparas hechas con los cráneos de las víctimas de la bruja, con un poste siempre convenientemente dejado vacío para la cabeza del héroe, en caso de que éste se presente.

Si bien no hay duda de que Baba Yaga tiene una figura siniestra, persiguiendo a niños inocentes a través del bosque ruso en su enorme maja de madera o tratando de engullirlos en su mágica casa de brujas, en todo el folclore ruso, la vieja bruja del bosque no es inequívocamente malvada.

Es casi igualmente probable que sea un monstruo caníbal o una figura materna sobrenatural, a veces incluso en la misma historia. A modo de ejemplo, a lo largo de la famosa historia *"Vasilisa la Bella"*, Baba Yaga es a partes iguales embaucadora, monstruo y salvadora en sucesión.

Esta ambigüedad no es accidental, sino que está ligada a su conexión con la feminidad y el mundo natural, como una especie de madre tierra.

. . .

En una historia, una joven princesa huye de la cabaña de la bruja para ser libre y termina en su horno, pero durante su escape termina creando una cadena montañosa, un bosque y un lago con varios elementos mágicos para frenar a Baba Yaga.

De esta manera, el aparentemente monstruoso Baba Yaga ha llevado a la creación de un nuevo mundo. Esta dualidad refleja la percepción general de la cultura rusa de las mujeres, como figuras tanto del amor maternal como de la duplicidad seductora y voluble, y especialmente el miedo a una mujer que opera fuera de los límites de una sociedad dominada por hombres. La Baba Yaga es tanto una madre como una embaucadora porque estos son los modos en los que se veía a las mujeres.

Podría decirse que el cuento de hadas más famoso que presenta a Baba Yaga, y tal vez incluso el período de cuento de hadas ruso más famoso, es "*Vasilisa la Bella*", que habla de una hermosa joven que, detente si has escuchado esto, vive con su malvada madrastra y dos feas hermanastras.

La madrastra lleva a Vasilisa harapienta con tareas cada vez más difíciles, que la niña siempre puede realizar a través de la ayuda de una muñeca mágica que le dio su difunta madre. Cuando Vasilisa alcanza la edad suficiente para casarse, su madrastra decide deshacerse de ella para que su belleza deje de distraer a los pretendientes de sus propias hijas. Con este fin, envía a Vasilisa a su misión más difícil hasta el momento: buscar fuego de la Baba Yaga.

La niña se dirige a la choza de patas de pollo, donde Baba Yaga la pone inmediatamente a trabajar para apagar el fuego.

La bruja le encomienda a la niña una serie de tareas imposibles, que ella consigue terminar gracias a su muñeca mágica.

A pesar de estar rodeada de cosas espeluznantes como pares de manos incorpóreas y Baba Yaga comiendo cantidades inhumanas de comida, Vasilisa se mantiene fría y es educada con su benefactora bruja.

Al final, la bruja le da a Vasilisa fuego dentro de una calavera, que, cuando Vasilisa lo lleva a casa, quema a la madrastra y a las hermanastras hasta convertirlas en cenizas. Vasilisa sobrevive y se casa con el Zar, por supuesto.

. . .

Uno de los detalles más notables de la historia de "*Vasilisa la Bella*" no son los extraños y amenazantes sucesos dentro de la cabaña de Baba Yaga, como los sirvientes invisibles o la constante amenaza del canibalismo, sino lo que la heroína del título espía a través de la ventana a las afueras de la casa de muslos de pollo.

Cuando Baba Yaga le pide a la niña que separe un montón de granos, la muñeca mágica de Vasilisa le dice que descanse y deje que la muñeca se encargue de ello.

Cuando Vasilisa se despierta por la mañana y ve la luz del fuego tenue dentro de los postes de la cerca coronados por calaveras, ve a un jinete vestido completamente de blanco que galopa sobre un caballo blanco como la leche alrededor de la casa.

El jinete luego salta una pared y desaparece. Pronto, ella ve a un jinete vestido de rojo en un caballo rojo sangre que hace lo mismo. Por la noche, cuando Baba Yaga regresa para comprobar el trabajo de Vasilisa, la niña ve a un jinete vestido de negro sobre un caballo negro como el carbón galopando alrededor de la cabaña antes de desaparecer como los demás.

. . .

Después de que Vasilisa ha hecho todas las tareas de la bruja a su gusto, la niña se arma de valor para preguntarle al Baba Yaga quiénes eran estos jinetes. La Baba Yaga revela que los jinetes blancos, rojos y negros eran el día, el sol y la noche, respectivamente, a quienes ella se refiere como sus fieles sirvientes. Sabiamente, Vasilisa no le hace más preguntas a la bruja.

Algunas historias atribuyen un comportamiento inusual a Baba Yaga que no se vuelve a mencionar en otras historias, pero que, sin embargo, se te queda en la cabeza solo por pura extrañeza. Una de esas historias es "*Baba Yaga y el joven valiente*", en el que un joven valiente vive junto con un gato y un gorrión.

El gato y el gorrión van repetidas veces al bosque para cortar madera a pesar de que ninguno de los dos tiene pulgares, dejando atrás al valiente joven con una advertencia: si Baba Yaga viene a contar las cucharas, escóndete y no digas nada.

Tres veces Baba Yaga llega a la casa a contar las cucharas, y tres veces el niño no puede contener la lengua cuando ve a la bruja tocando su cuchara. Las dos primeras veces, el gato y el gorrión ahuyentan a la bruja, pero la tercera vez ella se lo lleva a su cabaña para comérselo.

Otro detalle inusual en esta historia es que aquí Baba Yaga tiene tres hijas. Baba Yaga le dice a cada hija que cocine al niño, pero él engaña a cada una de ellas para que se cocinen ellas mismas actuando como si no supiera cómo acostarse en una sartén y pidiéndoles que se lo enseñe. Hacer el mismo truco por cuarta vez lleva a una Baba Yaga cocinada y un joven corriendo valientemente a casa.

Baba Yaga no es la única villana recurrente en los cuentos de hadas rusos. Una de las otras amenazas más comunes en estas historias es *Koshchei the Deathless,* un soldado aterrador que no puede morir, pues su alma está escondida anidando al estilo de una muñeca dentro de una serie de animales cada vez más grandes (por ejemplo, podría estar en un huevo dentro de un pato dentro de un conejo dentro de una cabra o lo que sea).

Una historia que incluye tanto a Koshchei como a Baba Yaga es la clásica "*Maria Moryevna*", en la que un príncipe llamado Ivan se enamora de la princesa guerrera titular y luego libera accidentalmente al asesino inmortal que ha encadenado en su sótano.

Posteriormente, Koshchei secuestra a Maria Moryevna e Ivan se dispone a perseguirlos. Eso no resulta muy bien.

La primera vez que Ivan atrapa a Koshchei, el villano lo mata y arroja su cadáver al mar en un barril. Afortunadamente, los cuñados de Ivan son magos poderosos que pueden devolverle la vida.

Le dicen que la única forma de derrotar a Koshchei es con un caballo de Baba Yaga. Verás, Baba Yaga engendra yeguas tan rápido que pueden dar la vuelta al mundo en un día. Ivan logra pasar la serie de pruebas de Baba Yaga y se gana un caballo mágico con el que alcanza a Koshchei, lo reduce a cenizas y regresa a casa con su esposa.

¿Has escuchado hablar del ganso cisne? Bueno, a pesar de sonar como el tipo de mashups de animales ficticios de caricatura o anime, resulta que es un tipo real de ganso que vive en Rusia, China y Mongolia. También es aparentemente un arma mágica repugnante en las manos huesudas de la Baba Yaga.

Si bien no es una ocurrencia común en los diversos cuentos de Baba Yaga, los gansos cisne mágicos son el dispositivo principal de la trama en el centro de la historia llamada, apropiadamente, *"Los gansos cisne mágicos"*.

· · ·

En este cuento en particular, una joven descuidada pierde la pista de su hermano menor, e investigando con un horno que habla, un árbol y un río de leche, descubre que se lo llevaron los mágicos gansos cisne. En su búsqueda, encuentra a su hermano dentro de la cabaña de Baba Yaga.

La bruja la pone en la tarea de hilar lino, y aparece un ratón para advertir a la niña que Baba Yaga planea vaporizar a los dos niños hasta la muerte en su casa de baños, comérselos y cabalgar sobre sus huesos.

El ratón ayuda a los niños a escapar y ellos corren a casa perseguidos por los gansos cisne. Es solo con la ayuda del horno parlante, el árbol y el río de leche que los dos niños pueden escapar de las garras de los gansos brujos y regresar a casa... Los cuentos de hadas son bastante raros.

Una explicación de por qué la Baba Yaga puede parecer diferente de una historia a otra (benevolente o cruel, un traficante de caballos o una domadora de gansos) o cómo sigue apareciendo incluso si muere al final de algunas historias, es que no hay solo una Baba Yaga.

. . .

Si el nombre solo significa "abuela espeluznante", no es necesariamente un nombre propio, pero tal vez solo un descriptor de un tipo particular de bruja del pantano, todas las cuales aparentemente encontraron una venta de liquidación en casas con patas y morteros de tamaño novedoso. Que hay múltiples Babas Yaga se hace más explícito en las historias en las que hay literalmente múltiples Babas Yaga, como *"La Doncella Tsar"*.

En esta historia, el hijo de un comerciante (llamado Iván, por supuesto) se enamora de la doncella titular del Zar, solo para que los dos se separen a través de la traición del tutor y la madrastra del niño. Iván va a buscar a su amada en el reino Tres Veces Décimo, más allá de las Tres Nueve Tierras, deteniéndose para preguntar en cierta choza de patas de pollo.

La Baba Yaga que está dentro le dice que no sabe dónde encontrar el Reino, pero que le pregunte a su hermana.

Ivan luego pregunta a una segunda y luego a una tercer Baba Yaga, quien trata de comérselo hasta que escapa en la espalda de un pájaro de fuego. Luego, Iván tiene que encontrar el amor de la doncella zar escondido en un huevo, pero no te preocupes: hay un final feliz, pues lo encuentra y vive feliz por el resto de sus días.

10

Wendigo de Minnesota

EN LOS BOSQUES del norte de Minnesota, los bosques de la región del Gran Lago y las regiones centrales de Canadá, se dice que vive un ser malévolo llamado wendigo (también conocido como windigo). Esta criatura puede aparecer como un monstruo con algunas características de un humano, o como un espíritu que ha poseído a un ser humano y lo ha convertido en un ser monstruoso.

Históricamente está asociado con el canibalismo, el asesinato, la codicia insaciable y los tabúes culturales contra tales comportamientos. Conocidos por varios nombres: Windigo, Witigo, Witiko y Wee-Tee-Go, cada uno de ellos se traduce aproximadamente como "el espíritu maligno que devora a la humanidad".

. . .

Esta criatura ha sido conocida desde hace mucho tiempo entre los pueblos algonquinos ojibwe, cree oriental, saulteaux, westmain swampy cree, naskapi e innu; que los han descrito como gigantes, muchas veces más grandes que cualquier ser humano. Aunque las descripciones pueden variar un poco, en todas estas culturas es común la opinión de que el wendigo es un ser malévolo, caníbal y sobrenatural que está fuertemente asociado con el invierno, el norte, el frío, el hambre y la inanición.

La leyenda algonquina describe a la criatura como un gigante con corazón de hielo; del que a veces se piensa que está completamente hecho de hielo. Para los algonquinos, su cuerpo es esquelético y deformado, le faltan labios y dedos de los pies.

Por otra parte, los Ojibwa describen a la criatura como grande, tan alta como un árbol, con la boca sin labios y dientes afilados, y un aliento que más bien parece un extraño silbido además de pisadas llenas de sangre. El wendigo se comía a cualquier hombre, mujer o niño que se aventuraba en su territorio, y eso significaba ser afortunados, pues a veces, la criatura elegía poseer a una persona en lugar de matarla, y era así como el desafortunado individuo se convertía a su vez en un wendigo, cazando a los que una vez había amado y deleitándose con su carne.

Según las leyendas, un wendigo se crea cada vez que un humano recurre al canibalismo para sobrevivir. En el pasado, esto ocurría con más frecuencia cuando los indios y los colonos se encontraban varados en las amargas nieves y el hielo de los bosques del norte. A veces, varados durante días, cualquier superviviente podría haberse sentido obligado a canibalizar a los muertos para poder sobrevivir.

Otras versiones de la leyenda citan que los seres humanos que mostraban extrema codicia, glotonería y exceso, también podrían ser poseídos por un wendigo, por lo que el mito sirvió como un método para fomentar la cooperación y la moderación.

Las versiones nativas americanas de la criatura hablaban de un espíritu gigantesco, de más de cuatro metros y medio de altura, que alguna vez había sido humano pero que se había transformado en una criatura malvada mediante el uso de la magia. Aunque todas las descripciones de la criatura varían ligeramente, generalmente se dice que el wendigo tiene ojos brillantes, colmillos largos y amarillentos, garras terribles y lenguas demasiado largas.

A veces se los describe como de piel cetrina y amarillenta y, en otras ocasiones, se los describe cubiertos de pelo enmarañado. Se dice que la criatura tiene varias habilidades y poderes, incluido el sigilo, es un cazador casi perfecto, conoce y usa cada centímetro de su territorio y puede controlar el clima mediante el uso de magia oscura. También son retratados como glotones y demacrados a la vez por el hambre.

Se dice que los wendigos están malditos para vagar por la tierra, buscando eternamente satisfacer su apetito voraz por la carne humana y, si no queda nada para comer, se mueren de hambre.

La leyenda presta su nombre al controvertido término médico moderno de psicosis de Wendigo, que algunos psiquiatras consideran un síndrome que crea un intenso deseo por la carne humana y el miedo a convertirse en caníbal. Irónicamente, se dice que esta psicosis ocurre en personas que viven alrededor de los Grandes Lagos de Canadá y Estados Unidos.

La psicosis del Wendigo generalmente se desarrolla en el invierno en individuos que están aislados por fuertes nevadas durante periodos prolongados. Los síntomas iniciales son falta de apetito, náuseas y vómitos. Posteriormente, el individuo desarrolla la ilusión de estar transformado en un monstruo wendigo.

. . .

Las personas que tienen psicosis de Wendigo ven cada vez más a los que los rodean como seres comestibles y al mismo tiempo, tienen un miedo exagerado de convertirse en caníbales.

La respuesta más común ante una persona mostrando signos de psicosis del Wendigo era un intento de rehabilitación por parte de los curanderos nativos tradicionales.

En casos del pasado, si estos intentos fracasaban y si el poseído comenzaba a amenazar a quienes lo rodeaban o comenzaba a actuar de manera violenta o antisocial, entonces eran ejecutados. Ha habido informes sobre este tipo de psicosis que se remontan a cientos de años.

Existe incluso un documento de Relaciones Jesuitas de 1661 en el que se declara que lo que causó mayor preocupación fue la inteligencia que les recibió al ingresar al Lago, es decir, que los hombres delegados con el propósito de convocar a las Naciones al Mar del Norte y asignarles una cita, donde debían esperar a los grandes clérigos, habían encontrado su muerte el invierno anterior de una manera muy extraña.

. . .

El documento cuenta que aquellos pobres (según el informe recibido por los altos mandos) sufrieron una dolencia desconocida para todos, pero no muy inusual entre las personas de la región. No estaban afligidos por la locura, la hipocondría ni el frenesí; pero tenían una combinación de todas estas especies de enfermedades, que afectaba su imaginación y les provocaba un hambre más que canina.

Esto los hacía tan hambrientos de carne humana que se abalanzan sobre mujeres, niños e incluso sobre hombres, como verdaderos hombres lobo, y los devoran vorazmente, sin poder apaciguar o saciar su apetito, buscando siempre nuevas presas, y con mayor avidez entre más comían. Esta dolencia atacó a los diputados jesuitas y, como la muerte era el único remedio entre las personas de la región para controlar tales actos de asesinato, los hombres fueron asesinados para detener el curso de su locura.

Otro caso documentado ocurrió en 1878 cuando un trampero de Plains Cree de Alberta, llamado Swift Runner, sufrió uno de los peores casos conocidos. Swift Runner era un comerciante de la Compañía de la Bahía de Hudson, estaba casado y era padre de seis hijos. En 1875, sirvió como guía para la Policía Montada del Noroeste.

Durante el invierno de entre 1878 y 1879, Swift Runner y su familia comenzaron a morir de hambre, junto con muchas otras familias Cree. Su hijo mayor fue el primero en fallecer y en algún momento, Swift Runner sucumbió a la psicosis Wendigo. Aunque había suministros de alimentos de emergencia disponibles en el puesto de la Compañía de la Bahía de Hudson, a unas 25 millas de distancia, no intentó viajar allí; más bien, mató a los miembros restantes de su familia y los consumió. Finalmente confesó y fue ejecutado por las autoridades en Fort Saskatchewan.

Un Wendigo supuestamente hizo varias apariciones cerca de una ciudad llamada Rosesu en el norte de Minnesota desde finales de 1800 hasta 1920. A cada reporte que informaba sobre su presencia, le siguió una muerte inesperada y, finalmente, no se volvió a tener reportes.

Otro caso muy conocido relacionado con la psicosis de Wendigo fue el de Jack Fiddler, un jefe de una comunidad Oji-Cree y curandero conocido por sus poderes para derrotar a los wendigos. Fiddler afirmó haber derrotado a 14 wendigos durante su vida. Se decía que algunas de estas criaturas habían sido enviadas por chamanes enemigos y otras eran miembros de su propia banda que habían sido cautivados por el deseo insaciable e incurable de comer carne humana.

En el último caso, los miembros de la familia generalmente le pedían a Fiddler que matara a un ser querido muy enfermo antes de que se convirtiera en wendigo.

El propio hermano de Fiddler, Peter Flett, murió después de volverse wendigo cuando se acabó la comida en una expedición comercial. Los comerciantes de la Compañía de la Bahía de Hudson, los Cree y los misioneros conocían bien la leyenda de Wendigo, aunque a menudo la explicaban como una enfermedad mental o superstición.

Independientemente de esto, varios incidentes de personas que se vuelven wendigo y comen carne humana están documentados en los registros de la compañía.

En 1907, Fiddler y su hermano Joseph fueron misteriosamente arrestados por las autoridades canadienses por asesinato. Jack se suicidó, pero Joseph fue juzgado y condenado a cadena perpetua. Finalmente, se le concedió el indulto, pero murió tres días después en la cárcel antes de recibir la noticia de este indulto.

Entre los Assiniboine, Cree y Ojibwe, a veces se realiza una danza ceremonial satírica en tiempos de hambruna para reforzar la seriedad del tabú del wendigo.

La frecuencia de los casos de psicosis Wendigo disminuyó drásticamente en el siglo XX a medida que los nativos americanos entraron en contacto con las ideologías occidentales.

Sin embargo, todavía se informan avistamientos de criaturas wendigo, especialmente en el norte de Ontario, cerca de la Cueva del Wendigo y alrededor de la ciudad de Kenora, donde supuestamente ha sido descubierto por comerciantes, rastreadores y cazadores durante décadas.

Hay muchos que todavía creen que el wendigo deambula por los bosques y las praderas del norte de Minnesota y Canadá. Kenora, ciudad en Ontario, Canadá, ha recibido el título de la Capital Mundial del Wendigo por muchos. Los avistamientos de la criatura en esta área han continuado hasta bien entrado el nuevo milenio.

11

El dragón de Gales

Gales y el dragón van de la mano, tal es el legado y la leyenda de la mítica bestia que la historia y el folclore de Gales se centra en ella. Culturalmente, Gales se conoce a menudo como la Tierra de los Dragones, y el uso del dragón como símbolo utilizado por los galeses se registró por primera vez en *Historia Brittonum* (la historia de los británicos), un compendio del siglo IX, que comúnmente se pensaba que era actualizado por Nennius, un monje galés.

Lo que nos queda, sin embargo, son leyendas y folclore culturalmente ricos, aunque objetivamente sesgados, que rodean las razones por las que los dragones son tan importantes y tan significativos para Gales y el pueblo galés.

. . .

El viaje de Y Ddraig Goch (el Dragón Rojo) llegó a ser tan simbólico para los galeses que está arraigado en cuentos y en la historia como algo que se ha erigido como símbolo desafiante, más que como cualquier otra cosa.

Entonces, aquí hay algunos mitos, algunas leyendas y algo de historia que brindan una mayor comprensión de por qué Gales es una tierra de dragones. Mucho de lo que sabemos sobre los vínculos históricos de Gales con los dragones, ya sean míticos o no, comienza con el Mabinogion, una selección de cuentos e historias de Gran Bretaña, pero que se compilaron en galés medio en los siglos XI y XII, por lo que, naturalmente, se tomó sobre una gran cantidad de folclore galés de la época. Dentro de él, está el cuento de Lludd y Llefelys.

La historia de Lludd es la de un héroe galés, llamado Lludd Llaw Eraint, pero más conocido como el rey Lud, hijo de Heli y hermano de Llefelys. Lludd se convierte en rey de Gran Bretaña y ayuda a su hermano Llefelys a casarse con la princesa de Francia y convertirse en rey de ese país. Con un inicio favorable de su reinado como rey, Lludd funda 'Caer Lludd', que luego se convierte en Londres.

. . .

Pero luego, tres plagas afectan su tierra, y le pide a su hermano que lo ayude a deshacerse de cada una de estas plagas. Y es en la historia de la segunda de estas plagas donde encontramos nuestra mitología inspirada en los dragones.

En la historia de Lludd y Llefelys, el reino se ve acosado por una lucha furiosa entre dos dragones, el dragón rojo y el dragón blanco. Su lucha es tan feroz que los gritos del dragón rojo se escucharían en toda la nación el Primero de Mayo de cada año, lo que provocaba que los hombres perdieran el tono en cuanto a su complexión, así como su fuerza, y las mujeres embarazadas perderían a sus bebés por nacer, pues tal era la ferocidad del tono del dragón.

Buscando el consejo de su hermano, Llefelys, en esta segunda ocasión, Lludd es instruido para encontrar el centro exacto de su Reino, en este caso, Gran Bretaña. Cuando encuentra el centro exacto, se le indica que cava un hoyo y, junto a él, deje una tina de hidromiel y una sábana de seda. El siguiente pasaje está tomado del Mabinogion:

"Y luego verás a los dragones peleando en forma de animales monstruosos.

. . .

Pero se elevarán por el aire en forma de dragones, y eventualmente cuando se agoten después de la lucha feroz y espantosa, caerán sobre la sábana en forma de dos cerditos, y harán que la sábana se hunda con ellos, y la arrastren al fondo de la tina, beberán todo el hidromiel y después de eso dormirán. Luego envuélvelos inmediatamente con la sábana, y en el lugar más fuerte que encuentres en tu reino, entiérralos en un cofre de piedra y escóndelo en el suelo, y mientras estén en ese lugar seguro, ninguna plaga vendrá a la isla de Gran Bretaña desde cualquier otro lugar ".

Lludd encontró el centro de Gran Bretaña midiendo las distancias de todos los rincones de la tierra, calculó y se decidió por que ese lugar fuera Oxford. Y cuando los dos dragones cayeron del cielo exhaustos después de su batalla, se convirtieron en cerdos, cayeron en el hidromiel y se emborracharon lo suficiente como para quedarse dormidos.

A partir de ese momento, Lludd llevó a los monstruos al lugar más seguro que se le ocurrió, como había sugerido su hermano. Confinó a los dragones a una tumba subterránea en Dinas Emrys, cerca de Beddgelert en Snowdonia. Este es uno de los primeros textos en incluir e involucrar la historia de Gales por estar tan entrelazada con dragones.

La siguiente historia mejora aún más los vínculos entre los dragones y la sensación de ser galés. Los mitos y leyendas que rodean a Historia Brittonum son tan numerosos como las llamadas que disputan su propia existencia, pero en esta incertidumbre, viene la mística y la intriga con seguridad.

Se dice que Vortigen es el señor de la guerra en Gran Bretaña, tal vez incluso como rey, y es mejor citarlo al comienzo de la genealogía de los primeros reyes de Powys. Se pensaba que era un guerrero condecorado y superior, dado el título de *Superbus tyrannus*, al que a menudo se le da por error la traducción latina de 'gobernante sobresaliente' o 'rey supremo', aunque los eruditos sugieren que no es latín, sino griego, y por lo tanto trae consigo tiene connotaciones más negativas. Sin embargo, los mitos que lo rodean han seguido creciendo.

Vortigen invitó a dos hermanos guerreros anglosajones para que lo ayudaran a luchar contra los escoceses, pero fue traicionado y su hijo fue asesinado. Se dice que se refugió en el norte de Gales. Volviendo a Historia Brittonum, Vortigen intenta construir un castillo, pero todas las noches las paredes y los cimientos del castillo son demolidos por fuerzas invisibles. El sitio de este castillo es Dinas Emrys, algunos siglos después de la época de Llydd.

· · ·

Sin que Vortigen sepa lo que puede suceder en lo que ahora se llama Dinas Emrys, consulta a su abogado, quien le dice que necesita sacrificar a un niño a los dioses para evitar que las fuerzas destruyan los edificios de su castillo. Se le dice que busque un niño sin "padre natural", y así lo hace.

El chico que encuentra no es otro que un joven Merlín, el mago más sabio que ha vivido. Al descubrir que su destino sería sellado para detener la demolición de los muros del castillo, el niño le cuenta a Vortigen sobre los dragones.

Vortigen excava la tierra, liberando a los dragones una vez más, mientras éstos continúan luchando. El niño le explica a Vortigen que los dragones simbolizan a dos personas; el dragón blanco que representa a los anglosajones, y los dragones rojos que representan al pueblo de Vortigen, que lucharon contra los sajones, es decir, el pueblo galés. El dragón rojo galés finalmente derrota al dragón blanco y regresa silenciosamente a su guarida, lo que le permite a Vortigen construir su castillo y nombrar el lugar como Dinas Emrys.

Ahora, claro que esto parece un cuento de hadas, y de hecho es uno de los cuentos más altos del folclore galés.

Sin embargo, en 1945, un equipo excavó el sitio en Dinas Emrys y descubrió un lago y las ruinas de un castillo o fortaleza, que mostraban señales de que las murallas habían sido reconstruidas múltiples veces.

Por lo tanto, toma esta historia como una advertencia para que camines con cuidado y en silencio sobre las colinas de Dinas Emrys, pues puede que un dragón duerma debajo de ellas.

Además de esto, Gales, ya sea en rebelión o de acuerdo con Inglaterra, tiene una historia rica e imprecisa que está entretejida con Inglaterra y la corona. La inserción de Owain Glyndŵr en la historia de la bandera galesa no fue insignificante. De 1400 a 1415, Glyndŵr lideró una revuelta de la ocupación inglesa en Gales, en la que izó el estandarte conocido como Y Ddraig Aur ('El Dragón Dorado') sobre Caernarfon durante la Batalla de Tuthill en 1401.

El estandarte estándar de Glyndŵr era el león en rojo y dorado. Sin embargo, Y Ddraig Aur era un dragón dorado, sobre un fondo blanco, pero retratado de la misma manera, como desenfrenado. Este uso tampoco fue, obviamente, un uso autorizado, ya que se estaba utilizando contra la corona.

Se pensó que el primer uso oficial en Gales de esta bandera fue durante la Batalla de Bosworth Field en Inglaterra, 1485 cuando Henry Tudor derrotó a Ricardo III. Tudor fue un rey inglés nacido en Pembroke y nació en el castillo. Pasó a reinar sobre Inglaterra durante 24 años como Enrique VII.

A pesar del uso histórico obvio y el simbolismo que el dragón galés, o los dragones, en general, tienen con Gales, nunca hubo un estándar prevaleciente hasta mediados del siglo XX. Es por eso que, si alguna vez ves un dragón rojo en relación con Gales, a menudo pueden verse un poco diferentes dependiendo del contexto.

Es esta asociación con el dragón lo que se ha mantenido fuerte a lo largo de los siglos, no una imagen duradera en particular. De hecho, en la década de 1600, se había desvanecido de su uso popular en las banderas, lo que podría llevar al hecho de que Gales no está representada específicamente en la bandera del Reino Unido. Fue hasta 1959 que la reina Isabel declaró el uso del dragón galés para volar en los edificios del gobierno, y estableció que solo se podía izar un dragón rojo en una bandera verde y blanca.

12

El toro divino Tur

Desde el comienzo de la humanidad, el toro fue un animal que formó parte de numerosas tradiciones mitológicas y cultos, debido a su fuerza física y apariencia imponente. Entre los mitos más antiguos donde se le menciona, está la cultura mesopotámica y la leyenda sobre la deidad Guagalanni, más conocida como el toro celestial o toro del cielo.

Guagalanni fue el primer marido de Ereshkigala, deidad del inframundo, en un mundo oscuro sin luz. Los dioses lo enviaron para vengarse de Gilgamesh porque rechazó las insinuaciones sexuales de la diosa Inanna. Durante ese suceso, el toro celestial, cuya patada provoca terremotos, fue derrotado y desmembrado por Gilgamesh y su seguidor Enkidu.

· · ·

En el medio oriente es frecuente el paradigma religioso de la matanza de un toro y esto lo podemos encontrar en la leyenda sobre el génesis, plasmada en la historia del dios persa Mitra, pues a partir de la descripción de su nacimiento y vida se creó la leyenda mitológica de Jesús, y es porque este dios fue el primer ser en cazar y matar a un toro salvaje.

Del cuerpo del animal muerto empezaron a crecer plantas, de los huesos brotó el trigo y de su sangre la vid. Fue entonces cuando se crearon las primeras personas. Incluso después del advenimiento del islam en estas áreas, el toro no perdió su característica divina, que está mejor confirmada por el mito árabe o, mejor dicho, la representación cosmológica, sobre el toro blanco Kujuta que se para sobre la cabeza de una horrible bestia Bahamut y sostiene la tierra en su espalda.

Bahamut o Behemoth es el nombre de un pez gigante mitológico que en la cosmología árabe representaba una columna vertebral de la tierra, y, de acuerdo a ésta, se afirma que posee numerosos ojos, oídos, narices y lenguas. Ciertos mitos afirman que, en lugar de la cabeza de un pez, tiene una cabeza de elefante o de hipopótamo y, en algunas versiones, Bahamut es en realidad un dragón marino con dientes y extremidades afiladas.

. . .

Bahamut sostiene en su cuerpo fuerte las siete esferas que en la mitología árabe constituyen el universo entero. En Bahamut, es decir, en su cabeza, se coloca el toro llamado Kujuta, que sostiene una montaña hecha de rubíes en su espalda. En la cima de esa montaña inusual, los ángeles sostienen las siete capas de la tierra.

Alternativamente, en la parte posterior de Bahamut hay una superficie hecha de arena. Kujuta está de pie sobre esa arena, y la montaña que lleva a la espalda tiene un vasto océano en medio del cual flota la tierra. Debajo de Bahamut está la parte oscura y misteriosa llena de niebla y agua. Algunos datos mitológicos afirman que debajo de esa esfera oscura hay un mundo de fuego en el que habita la serpiente Falak.

Bahamut es una creación original de la cosmovisión árabe, los datos sobre ella aparecen en tonos cosmológicos que datan de 1291. El propio nombre en árabe significa "la bestia". Al respecto, el antiguo historiador árabe, Ibn al-Wardi escribió que esta criatura también se menciona en la noche de 1001, donde se explica la historia del hombre llamado Isa, quien después de ver a Bahamut, fuera de la conmoción y el miedo, pierde la conciencia.

. . .

Una vez que Isa se despertó, Allah le preguntó si había visto un pez grande. Isa respondió que vio un toro parado encima de la cabeza del pez. Los judíos asimilaron este ser mitológico, como muchos otros segmentos religioso-mitológicos, en sus tradiciones.

Ciertos segmentos de la leyenda presentada tienen puntos de conexión con los mitos bosnios sobre el gigantesco toro Tur, que sostiene el planeta sobre su espalda, de cuya voluntad depende el destino de la tierra y de todas las personas. Generalmente, el mito sobre Tur es corto y no hay muchos detalles que revelen algo más sobre la representación más amplia de la cosmología bosnia, y la única excepción es Rogatica.

Es decir, en esa parte de Bosnia se creía que debajo de la tierra había un mar infinito, en su superficie nadaba un pez gigante, en la cabeza del pez estaba un toro y en su espalda la tierra. Cuando ese toro mueve levemente su oreja, la tierra tiembla, y cuando mueve su pierna o algo más, toda la tierra se sumerge en el mar, pero se creía que Alá creó una pequeña mosca que vuela constantemente alrededor de los ojos de ese toro y él le tiene tanto miedo que literalmente no puede moverse.

. . .

Como entre los turcos no hay una leyenda registrada que no sea sobre Bahamut ni sobre Tur, podemos concluir que no hubo transferencia de mitos durante la ocupación otomana de Bosnia y Herzegovina, sino que es un rudimento de un antiguo culto pagano que fue heredado por ciertos pueblos mediterráneos, y entre ellos los ilirios.

Existe una probabilidad lógica de que los soldados ilirios que servían en el Imperio Romano transfirieron la leyenda de Tur al territorio de Siria y, además, o viceversa, la heredaron y la llevaron a los Balcanes. Pero, no importa cómo sucedió, estamos hablando de una leyenda muy antigua de los tiempos antiguos.

El toro tenía un lugar muy significativo para los ilirios en el sentido religioso-mágico e incluso si no tenemos muchos datos escritos sobre los ritos paganos de sus antepasados, descubrimos a través de hallazgos arqueológicos que preferían colgar los cuernos del bovino *Bos primigenius* en el frente de la casa, pues tenían la función mágica de proteger a la familia y darle fertilidad.

Además, no debemos olvidar mencionar la costumbre tradicional entre las tribus ilirias de ofrecer sacrificios, obsequios de sangre y carne a los dioses por una cosecha exitosa de trigo, cuando sacrificaban un toro durante el mes de agosto en lo alto de una colina.

Otros desvíos en la propia leyenda son evidentes, como cuando la mitología árabe afirma que cuando llegue el día del juicio, Bahamut será destruido por su creador, es decir, dios, a quien esta bestia solo está subyugada. Entre los bosnios se narra que el día del juicio tendrá lugar el día "cuando Tur sacuda su cuerpo", es decir, no hay afirmaciones sobre la noción clásica del día del juicio donde todo sucede por voluntad de dios, lo que nos da un amplio espacio para concluir que Tur, titular de la tierra, es el gobernante del planeta y la gente.

Del mismo modo, mientras que en la mitología árabe el toro Kujuta se representa con la piel totalmente blanca; en la mitología bosnia es negro y está realmente conectado a un animal real (*Bos primigenius*) que se extinguió en Europa en la Edad Media. La mejor prueba de su presencia en el territorio de Bosnia y Herzegovina son los topónimos que dan una connotación histórica más profunda a todo.

Tur en la tradición bosnia es sin duda una deidad y en esa forma no se ve en ningún otro lugar de los Balcanes, ni en Europa, lo que en sí mismo implica que estamos hablando de un antiguo ser sobrenatural. En el pasado se suponía que su nombre Tur proviene de la abreviatura de la palabra latina Tauro, pero está claro que el nombre original proviene del nombre real del bovino salvaje *Bos primigenius.*

En la vida tradicional de Bosnia y Herzegovina, un toro castrado, es decir, un buey, era parte integral de la familia de una aldea y reemplazaba al caballo, que tenía un precio de mercado más alto y por eso no era propiedad de numerosas familias de la aldea. Investigando la estructura etnológica y la tradición oral de la creencia de los bosnios sobre el buey, se nota que fue tratado con cuidado y atención principalmente debido al propósito existencial pero también sagrado.

Cuando comenzaba el arado de verano, la gente envolvía alrededor del cuerno derecho de su mejor buey, un tejido rojo (hilo), un huevo de gallina se rompía en su frente y su cuello se cubría con mantequilla. Todas estas medidas rituales se llevaban a cabo con el objetivo de protegerse del mal y convocar a la buena suerte y la fertilidad.

En la astronomía popular, la constelación de siete estrellas llamada pléyade se llama Volovi (bueyes).

· · ·

Es interesante porque la pléyade (Messier 45) se encuentra en la constelación del toro. Aunque se afirma que la pléyade está representada en todas las mitologías del hemisferio sur, es evidente a través de las leyendas sobre Tur, pero también de otras creencias y tradiciones populares, que podemos notar una conexión mitológica con la pléyade en la mitología bosnia.

Los segmentos del culto divino de Tur se insinúan a partir de los dos nombres populares de las constelaciones que se ubican uno al lado del otro y son Orión, conjunto de tres estrellas, que en Bosnia se llamaban Štapovi (palos) y el ya mencionado Volovi (bueyes).

En la primavera, cuando es el momento de la siembra, cuando los Štapovi son visibles en el cielo, es una señal de que amaneció, se acerca el día y es cuando los bueyes deben ser alimentados y enjaezados para que puedan arar.

Juntas, estas dos constelaciones representan la dinámica que operan los bueyes, es decir, el arado de la tierra, que a su vez representa al sembrador divino mitológico, que no podía ser otro que el dios ilirio Vidasus, conocido como Žeteoc, el que cosecha (trigo). Además de eso, se dice que el arado fue inventado por los ilirios.

Según los cuentos populares de Velika Kladuša, en la antigüedad vivía un hombre codicioso que tenía siete bueyes. Como tenía un número impar, anhelaba otro buey para tener ocho de ellos, es decir, tener un número par. Un día recordó que en el pueblo vecino había un pobre que solo tenía un buey.

El hombre pensó *"cuando solo tiene uno, no necesita ni siquiera ese"*, y con su hijo se le ocurrió un plan para ir después de la medianoche y robar el buey. Lo que idearon, lo emprendieron. Cuando llegaron a la mitad del camino a casa, algunos disturbios sorprendieron al padre y le dijo a su hijo que deberían detenerse para que pudieran descansar.

Al ver cerca un fardo de heno le ordenó que lo acercara y lo pusiera en nueve pequeños montones, uno al lado del otro, una vez hecho esto dejó que el buey robado se diera un festín con el heno. Pero, en lugar de comer del primer montón, el buey vaciló, olfateó y se detuvo únicamente en el séptimo montón, donde comenzó a comer.

Eso horrorizó al padre y dijo: *"¿ves que, hijo mío, qué pecado cometimos al robarle este buey a ese pobre hombre? Su maldición nos seguirá hasta nuestra séptima generación"*. Pero, la codicia en él superó su miedo y continuó su camino a casa.

De alguna manera en ese momento, ya que se acercaba el amanecer, el pobre se despertó y se dirigió hacia el establo para alimentar al buey, pero nada más entrar al establo se dio cuenta de que el buey se había ido y que alguien se lo había robado.

De pena y dolor se puso a llorar y maldijo al ladrón, pidiendo que Dios lo castigara y le quitara lo que el ladrón le quitó a el pobre hombre. Pronto el padre y el hijo, junto con el animal robado, se acercaron a su casa, y cuando llegaron al lado del establo, el padre se sorprendió por el silencio que notó en el establo.

Se apresuró a encender una vela. La pálida luz de la vela iluminó el granero rápidamente, que estaba completamente vacío. No había bueyes. El padre salió corriendo salvajemente y sostuvo su cabeza por el tormento y el dolor. Luego miró al cielo queriendo revolcarse ante dios por lo que le había sucedido y antes de abrir la boca notó en el cielo siete estrellas brillantes parpadeando juntas y con los ojos muy abiertos se dio cuenta de que no podía clamar a dios, ya que éste lo había castigado por el gran pecado que cometió contra ese pobre hombre.

Así es como, según los cuentos populares, surgió la constelación de bueyes (Pleyade), como una advertencia a todos de que no se debe dañar a otras personas, especialmente a los bueyes.

El motivo de la teletransportación de un suceso terrestre que simboliza un gran pecado hacia el cielo, representando así el escenario mundano, es común en las tradiciones bosnias. Otro famoso cuento popular sobre la intervención divina y el castigo público es aquel en el que dios inmediatamente dio muerte a un hijo desobediente, cuando blandió su hacha hacia su madre, queriendo matarla, y su cuerpo, junto con el hacha, fue llevado a la superficie de la luna, de modo que sirviera de advertencia a todas las personas, pues las madres deben ser respetadas.

13

El Golem de Praga

Una de las leyendas más populares de la ciudad de Praga es la historia del Golem. Durante el reinado de Rodolfo II, el rabino Judah Loew creó el golem para proteger el barrio judío de la ciudad y sus habitantes. En ese momento, la mayoría de los judíos de Praga estaban siendo atacados y pasaban sus días con miedo… hasta que llegó el Golem.

El rabino Judah Loew creó el golem según la Cábala, que especificaba que estaría hecho de arcilla de las orillas del río Vltava. Siguiendo un ritual religioso, se creó al Golem como un gigante de arcilla que solo podía ser despertado por encantamientos especiales pronunciados en hebreo por su creador.

. . .

Después de un largo encantamiento pronunciado por el rabino, el Golem despertó, obedeciendo únicamente las órdenes de su creador, que incluían proteger al pueblo judío en el gueto de Praga. El rabino Loew colocó la palabra hebrea 'emet' (verdad) en la frente del Golem.

Sin embargo, a medida que el Golem se hizo más fuerte con cada encantamiento, también se volvió cada vez más violento y comenzó a matar gente. Algunos dicen que esto se debió a un corazón roto, pero no hay manera de saberlo con certeza.

Luego, el rabino Loew tuvo visiones que indicaban que la violencia contra la población judía terminaría si el rabino destruía al enorme y aterrador Golem. El rabino Loew acabó con la vida del Golem quitando la letra 'e' de 'emet', cambiando así la palabra 'verdad' por 'muerte', y acabando con la vida del gigante en el momento. Sin embargo, se dice que el hijo del rabino Loew devolvió la vida al Golem.

La historia del Golem es una de las historias más famosas de la historia judía.

. . .

Como vimos, la tradición cuenta que cuando los perseguidores se levantaron para atacar al pueblo judío, el Maharal Yehudah Loew, rabino jefe de Praga hace 500 años, creó al Golem, una criatura parecida a un hombre hecha del polvo de la tierra, dotada de "vida" por medio de un secreto cabalístico. A través del Golem, el Maharal realizó milagros para la protección de los judíos.

Una famosa historia que profundiza sobre la creación del Golem trata sobre los libelos de sangre. En aquel entonces, los sacerdotes cristianos, especialmente el sacerdote Taddeus, afirmaron que los judíos mataban en secreto a niños cristianos y usaban su sangre para sus matzot de Pascua. Después de los sermones de Taddeus, la gente cristiana del pueblo salía de la iglesia hirviendo de odio hacia los judíos.

El Maharal, desesperado por salvar a los judíos de la matanza, oró pidiendo guía. Recibió una respuesta por la noche en una visión. Se le dieron 10 letras hebreas, que revelaban palabras que significan "¡Crearás un Golem, una cosa de barro, y destruirás a los malvados!"

El Maharal y dos amigos fueron al río Moldavia y comenzaron a dar forma a la arcilla blanda. Crearon una figura que se parecía a un hombre.

El primer amigo rodeó al Golem siete veces mientras recitaba ciertas combinaciones de letras sagradas. El Golem comenzó a brillar.

El segundo amigo hizo lo mismo y el resplandor fue reemplazado por un vapor de agua. Entonces el Maharal también rodeó al Golem siete veces y los tres gritaron: *"Y Dios sopló el aliento de vida en sus fosas nasales"*. Los ojos del Golem se abrieron. Los hombres descubrieron que el Golem tenía una gran fuerza y también la capacidad de desaparecer.

El Maharal le dijo al Golem: *"Te creamos con la ayuda de Dios para proteger a los judíos de nuestros enemigos. ¡Debes obedecer mis órdenes ante todo!"* El Golem podía ver y oír, pero estaba mudo. Él asintió con la cabeza de acuerdo.

El Golem no era un monstruo, sino un alma gentil que no tenía pensamientos independientes pero que era moralmente recta. Hizo exactamente lo que le dijeron en todo momento: cuando se le pidió que llevara agua a la cocina, continuó trayendo agua hasta que la cocina se inundó y luego le dijeron que se detuviera. Cuando le dijeron que pescara, pescó todo el día, y cuando le dijeron que había demasiados peces, arrojó toda la canasta al lago.

· · ·

Existe otra historia sobre el Golem que se relaciona de una niña judía llamada Miriam, quien acudió al padre Taddeus para convertirse en cristiana. Cuando la pascua se acercaba, Miriam hizo las maletas y salió corriendo de su casa.

Al mismo tiempo, una niña cristiana que trabajaba para la familia de Miriam renunció y desapareció. Había regresado a su propio pueblo dejando atrás su trabajo. Con ese hecho en mente, y teniendo a Miriam bajo su control, Taddeus obligó a Miriam a inventar una historia sobre cómo el Maharal y sus amigos habían matado a la niña desaparecida por su sangre, y tenían una botella llena de la sangre obtenida para hacer matzá.

Además, Miriam dijo que uno de los hombres le dijo a su padre que la niña que faltaba sería reemplazada en unos días. Al día siguiente, el Maharal, un amigo y el Golem fueron arrestados. Antes de que comenzara el juicio, el Maharal, a quien se le informó de antemano sobre la invención de Miriam, encontró a un hombre mudo en Praga que coincidía con la figura del Golem, lo sedó y lo puso en la cama del Golem, por lo que parecía que era el Golem.

· · ·

Luego, el Maharal le dijo al verdadero Golem que fuera al pueblo de la niña desaparecida con una carta que decía que recuperaría su trabajo con un aumento si regresaba a Praga. Con los poderes especiales del Golem, la chica desaparecida regresó con él en medio del juicio. El Maharal y su amigo fueron declarados inocentes, Miriam fue condenada a seis años de prisión por perjurio y Taddeus fue desacreditado.

Más importante aún, el Golem realizó muchos actos de fuerza bruta para defender a los judíos. Después de muchos otros incidentes relacionados con el Golem, y una vez que terminó la batalla por libelo de sangre, el Maharal ya no dependía del Golem. Con sus dos amigos, siguieron el mismo proceso utilizado para crear el Golem, pero al revés.

Envolvieron al Golem en un talit y lo escondieron en el ático de la sinagoga del Maharal, disponible para regresar cuando fuera necesario. A nadie se le dijo a dónde había ido el Golem. Solo unos pocos en Praga sabían la verdad, y hoy en día muchos creen que el encantamiento secreto para traerlo de regreso solo podría ser realizado por el Maharal.

. . .

Sin la fórmula cabalística, conocida solo por el Maharal de Praga, el Golem no cobrará vida. La parte positiva de esto, es que hoy en día nadie está desesperado por su regreso.

14

El monstruo del Lago Ness

Durante al menos 1,500 años, una leyenda ha prevalecido en las Tierras Altas de Escocia, estableciendo que el lago Ness es el hogar de un misterioso animal acuático. Varios avistamientos reportados sobre esta criatura han mantenido viva la leyenda.

Cuando los romanos llegaron por primera vez al norte de Escocia en el siglo I d.C., encontraron las Tierras Altas ocupadas por tribus de personas feroces cubiertas de tatuajes a las que llamaban los pictos, o gente pintada. De las piedras talladas que todavía se encuentran en la región alrededor del lago Ness, queda claro que los pictos estaban fascinados por los animales y se cuidaron de reproducirlos con gran fidelidad.

. . .

Todos los animales representados en las piedras pictas son reales y fácilmente reconocibles, todos menos uno.

La excepción es una extraña bestia con un pico u hocico alargado, un medallón o pico en la cabeza y aletas en lugar de pies. Descrita por algunos eruditos como un elefante nadador, la bestia picta es la evidencia más antigua conocida de una idea que ha prevalecido en las Tierras Altas de Escocia durante al menos 1,500 años: que el lago Ness es el hogar de un misterioso animal acuático.

En el folclore escocés, grandes animales se han asociado con muchos cuerpos de agua, desde pequeños arroyos hasta los lagos más grandes, a menudo etiquetados como *Loch-na-Beistie* en mapas antiguos. Se dice que incluso existen caballos de agua, o kelpies de agua, que tienen poderes mágicos e intenciones malévolas. Según una versión de la leyenda, el caballo de agua atrae a los niños pequeños al cuerpo de agua ofreciéndoles paseos en su lomo. Una vez que los niños están a bordo, sus manos se pegan a la bestia y son arrastrados a una muerte acuosa, después de la cual sus restos llegan a la orilla al día siguiente.

. . .

La primera referencia escrita que vincula a estas criaturas con el lago Ness se encuentra en la biografía de San Columba, el hombre al que se le atribuye la introducción del cristianismo en Escocia. En el año 565 d. C., según este relato, Columba se dirigía a visitar a un rey picto cuando se detuvo a lo largo de la orilla del lago Ness.

Al ver una gran bestia a punto de atacar a un hombre que nadaba en el lago, Columba levantó la mano, invocando el nombre de Dios y ordenando al monstruo que "retrocediera a toda velocidad". La historia cuenta que la bestia obedeció y el nadador se salvó.

Cuando Nicholas Witchell, un futuro corresponsal de la BBC, investigó la historia de la leyenda para su libro de 1974 *"The Loch Ness Story"*, encontró alrededor de una docena de referencias anteriores al siglo XX sobre animales grandes en el lago Ness, cambiando gradualmente de carácter, partiendo de estos claramente míticos cuentos hacia algo más parecido a descripciones de testigos presenciales.

La leyenda moderna del lago Ness data de 1933, cuando se completó una nueva carretera a lo largo de la costa, que ofrecía las primeras vistas despejadas del lago desde el lado norte.

. . .

Una tarde de abril, una pareja local conducía a su casa por este camino cuando vieron "un enorme animal rodando y lanzándose fuera del agua hacia la superficie".

Su relato fue escrito por un corresponsal del Inverness Courier, cuyo editor usó la palabra "monstruo" para describir al animal. El monstruo del lago Ness ha sido un fenómeno mediático desde entonces.

El interés público aumentó gradualmente durante la primavera de 1933, y luego se incrementó drásticamente después de que una pareja informara haber visto a una de las criaturas en tierra, cruzando pesadamente la carretera de la costa. En octubre, varios periódicos de Londres habían enviado corresponsales a Escocia y se interrumpían los programas de radio para llevar a los oyentes las últimas noticias del lago.

Un circo británico ofreció una recompensa de 20.000 libras esterlinas por la captura de la bestia. Llegaron cientos de *boy scouts* y amantes del aire libre, algunos se aventuraron en pequeños botes, otros instalaron tumbonas y esperaron expectantes a que apareciera el monstruo.

. . .

La emoción por el monstruo alcanzó un punto álgido en diciembre, cuando el *London Daily Mail* contrató a un actor, director de cine y experto en caza mayor llamado Marmaduke Wetherell para rastrear a la bestia. Después de solo unos días en el lago, Wetherell informó haber encontrado las huellas frescas de un animal grande de cuatro dedos. Calculó que tendría 20 pies de largo.

Con gran fanfarria, Wetherell hizo moldes de yeso de las huellas y, justo antes de Navidad, las envió al Museo de Historia Natural de Londres para su análisis. Mientras el mundo esperaba que los zoólogos del museo regresaran de las vacaciones, legiones de cazadores de monstruos descendieron sobre el lago Ness, llenando los hoteles locales. Inverness se iluminó con focos para la ocasión y el tráfico atascó las carreteras de la costa en ambas direcciones.

La burbuja estalló a principios de enero, cuando los zoólogos del museo anunciaron que las huellas eran las de un hipopótamo. Habían sido hechas con un pie de hipopótamo disecado y la base de un paragüero o cenicero.

No estaba claro si Wetherell fue el autor del engaño o una crédula víctima.

· · ·

De cualquier manera, el incidente manchó la imagen del Monstruo del Lago Ness y desalentó una investigación seria del fenómeno.

Durante las siguientes tres décadas, la mayoría de los científicos descartaron con desdén los informes de animales extraños en el lago. Esos avistamientos, que no fueron engaños, dijeron, fueron el resultado de ilusiones ópticas causadas por estelas de botes, manchas de viento, troncos flotantes, nutrias, patos o ciervos nadando.

Sin embargo, los testigos presenciales continuaron presentando relatos de sus avistamientos, más de 4.000 de ellos, según la estimación de Witchell. La mayoría de los testigos describieron una criatura grande con una o más jorobas que sobresalen de la superficie como el casco de un bote volcado. Otros informaron haber visto un cuello largo o aletas. Sin embargo, lo más notable fue que muchos de los testigos presenciales eran personas sobrias y sensatas: abogados y sacerdotes, científicos y maestros de escuela, policías y pescadores, incluso un premio Nobel.

En la década de 1950, un médico local llamado Constance Whyte comenzó a recopilar estos relatos de testigos presenciales, junto con bocetos de lo que la gente había visto, y finalmente los publicó en 1957 como un libro titulado *Más que una leyenda*. Al señalar que muchos de sus amigos habían sido objeto de burlas y desprecio, Whyte dijo que su objetivo al escribir el libro era "la reivindicación de muchas personas íntegras que habían informado honestamente lo que habían visto en el lago Ness".

El libro de Whyte inspiró a una nueva generación de cazadores de monstruos, incluido Tim Dinsdale, quien en su primera visita al lago en 1960 tomó una película intrigante de algo que se movía a través del lago, y rápidamente abandonó su carrera como ingeniero aeronáutico para dedicar su vida a la persecución del monstruo. Al año siguiente, un grupo de aficionados dedicados formó la Oficina de Investigación del Lago Ness, manteniendo una vigilia constante en el lago desde un puesto de observación en la costa norte.

Pero quizás el efecto más importante del libro de Whyte fue cambiar el rumbo de la opinión pública. Descartado durante mucho tiempo como forraje para los informes de prensa de la "temporada tonta", el tema del cariñosamente llamado "Nessie" finalmente fue considerado como digno de una investigación científica seria.

. . .

En el lapso de una década, comenzando en 1958, se lanzaron cuatro expediciones separadas, primero por la BBC, luego por tres universidades británicas respetadas: Oxford, Cambridge y la Universidad de Birmingham. En lugar de escanear la superficie con binoculares y cámaras, como habían hecho los investigadores aficionados, estas expediciones venían equipadas con sonar, una tecnología militar que utilizaba el sonido para buscar en el entorno submarino.

Aunque las expediciones no encontraron nada concluyente, en cada caso los operadores del sonar detectaron grandes objetos submarinos en movimiento que no pudieron explicar. El uso de la tecnología para buscar en el lago alcanzó un nuevo nivel en la década de 1970, cuando una serie de expediciones fue patrocinada por la Academia de Ciencias Aplicadas con sede en Boston, cuyos miembros incluían muchas personas técnicamente capacitadas con vínculos con el MIT.

El enfoque de la Academia fue tenderle una trampa al monstruo combinando el sonar y la fotografía submarina por primera vez. Bajo el liderazgo de Robert Rines, un abogado capacitado en física, el equipo apuntó una forma sofisticada de sonar, llamada sonar de barrido lateral, hacia el lago Ness desde un punto cerca de la costa.

. . .

No muy lejos, colocaron una cámara submarina que tomaba fotografías cada 45 segundos mientras una luz estroboscópica iluminaba las profundidades con un destello brillante.

El sistema dio sus frutos una noche en 1975. En el mismo momento en que el sonar registraba un objeto grande en movimiento, la cámara submarina tomaba fotografías de un objeto que, después del desarrollo y la mejora de la computadora, parecía las aletas de una criatura acuática.

El descubrimiento de Rines ganó el apoyo de dos científicos de renombre: Harold "Doc" Edgerton, el legendario científico del MIT que había inventado el sonar de barrido lateral y la fotografía estroboscópica; y Sir Peter Scott, uno de los naturalistas más respetados de Gran Bretaña. Con Edgerton y Scott detrás de él, Rines tuvo la oportunidad de presentar su evidencia en una audiencia en la Cámara de los Comunes en Londres. Nunca se había tomado tan en serio la posibilidad de la existencia del monstruo del lago Ness.

Sin embargo, casi de inmediato, los críticos comenzaron a plantear preguntas sobre la evidencia. ¿Podrían las sugerentes huellas del sonar ser el resultado de un error humano?

¿Se habían modificado las fotos de las aletas para mejorar su apariencia? Igual de perjudicial para el caso de Rines fue el audaz pronunciamiento de Peter Scott sobre la identidad de la criatura.

Basado en las fotos de la aleta y los avistamientos de testigos presenciales, Scott concluyó que Nessie era un plesiosaurio, un reptil antiguo que se pensaba que se había extinguido junto con los dinosaurios hace unos 65 millones de años. La idea era demasiado descabellada para que los zoólogos profesionales la tomaran en serio.

Aunque los zoólogos aún tienen que realizar la investigación a gran escala que Rines esperaba desencadenar, el lago continúa produciendo intrigantes impactos de sonar. En 1987, una expedición llamada *Operation Deep Scan* utilizó una flotilla de 20 barcos equipados con sonar para barrer el lago con una cortina de sonido; la operación arrojó tres objetivos submarinos que no pudieron explicarse.

A principios de la década de 1990, Nicholas Witchell de la BBC ayudó a organizar el Proyecto Urquhart, el primer estudio extenso de la biología y geología del lago.

. . .

Aunque no buscaban monstruos, los operadores del sonar de la expedición detectaron un gran objetivo submarino en movimiento y lo siguieron durante varios minutos antes de perderlo.

También, durante la expedición de 1997 que aparece en la película de NOVA sobre el lago Ness, Rines y su colega de toda la vida, Charles Wyckoff, detectaron otro objetivo submarino desconcertante. Según el experto en sonar de la expedición, el biólogo marino Arne Carr, era un objetivo en movimiento que parecía ser de naturaleza biológica y tenía unos cinco metros de largo, el tamaño de una ballena pequeña.

En los 65 años transcurridos desde el nacimiento de la leyenda moderna, decenas de personas han presentado fotografías que pretenden mostrar al monstruo. La mayoría fueron descartadas rápidamente como fraudes descarados o imágenes de objetos ordinarios confundidos con monstruos. Pero una foto se destacó por encima del resto.

Tomada en 1934, muestra lo que parece ser el cuello delgado de un animal que se eleva desde la superficie del agua.

. . .

Desde el momento en que se publicó en el London Daily Mail, se convirtió en la imagen misma del Monstruo del Lago Ness y, para muchos, en la evidencia más sólida de que Nessie realmente existe.

Una de las razones por las que la fotografía tuvo tanto impacto en la leyenda del lago Ness fue que procedía de una fuente tan creíble. La foto fue vendida al Daily Mail por un médico londinense llamado R. Kenneth Wilson, quien dijo que había tomado la foto cuando notó una conmoción en el agua mientras conducía desde Londres para fotografiar pájaros con un amigo cerca de Inverness.

Pocos creían que un médico tan respetado pudiera participar en un engaño.

Pero en 1994, 60 años después de la primera publicación de la foto, los periódicos de todo el mundo informaron sobre la afirmación de que la "foto del cirujano" era falsa, parte de un elaborado complot para engañar al Daily Mail. El hombre detrás de la historia era un ex profesor de arte inglés llamado Alastair Boyd, que se había convertido en un ávido estudiante de la tradición del lago Ness después de que él y su esposa vieron un animal grande en el lago en 1979.

. . .

Años más tarde, un amigo de Boyd llamado David Martin descubrió un viejo recorte de periódico en el que Ian Wetherell (el hijo de Marmaduke Wetherell, descubridor de la famosa huella de pie de hipopótamo) afirmó que la foto del cirujano era un engaño. El artículo había atraído poca atención cuando se publicó en 1975, pero dos detalles llamaron la atención de Boyd.

Primero, Wetherell dijo que el complot había involucrado a un hombre llamado Maurice Chambers, el mismo hombre que el Dr. Wilson dijo que había conducido desde Londres para visitar en 1934. En segundo lugar, Wetherell mencionó que la fotografía del cirujano incluía el paisaje del lago Ness en los antecedentes.

De hecho, la foto familiar de Nessie incluye solo el cuello que sobresale y el agua a su alrededor. Boyd sabía que la foto original había incluido un poco de la costa lejana en el fondo, porque había redescubierto la versión sin cultivar a finales de los 80. Pero esa foto completa se había publicado solo una vez, en 1934. Entonces, ¿cómo pudo haber sabido Wetherell este detalle? *"O tenía una memoria muy buena o él tomó la foto",* dice Boyd.

Ian Wetherell había muerto cuando Boyd y Martin publicaron el artículo, pero pudieron localizar a su hermanastro, Christian Spurling, en el sur de Inglaterra. Spurling, 93 años y cercano a la muerte, confesó. Descontento por la forma en que fue tratado por el Daily Mail después del fiasco del pie de hipopótamo, el duque Wetherell se había propuesto vengarse, alistando a su hijo y a su hijastro en la trama.

Primero, Spurling construyó un modelo de monstruo injertando una cabeza y un cuello en la torre de mando de un submarino de juguete. Luego, Wetherell y su hijo Ian condujeron hasta el lago y organizaron la fotografía, teniendo cuidado de incluir el paisaje real del lago Ness de fondo. Finalmente, para ocultar su propio papel en el engaño, Wetherell persuadió al Dr. Wilson, a través de su amigo común, Chambers, para que revelara la foto y la vendiera al Daily Mail como propia. La trama funcionó mejor de lo que cualquiera de ellos hubiera imaginado.

No todo el mundo acepta la historia de Spurling. El periodista estadounidense Richard Smith, por ejemplo, señala que los expertos en juguetes cuestionan si los submarinos de juguete de la década de 1930 podrían haber funcionado como se describe, y se pregunta por qué Boyd esperó hasta después de la muerte de Spurling para revelar su confesión. Pero a raíz de la bomba de Boyd de 1994, la mayoría de la gente cree ahora que la foto del cirujano fue otro engaño de Loch Ness.

¿Eso finalmente refuta la existencia del monstruo? En absoluto, dice Boyd. Una de las grandes ironías de la historia del lago Ness es que el hombre que trajo la evidencia más famosa sigue siendo un firme creyente en Nessie, quien está tan convencido de la realidad de estas criaturas que en realidad apostaría su vida por su existencia.

Boyd asegura que confía en su vista, pues solía ganarse la vida enseñando a la gente a observar, y tiene la certeza de que lo que vio no era un tronco, una nutria, una ola, ni nada por el estilo. Era un animal grande que salió del agua, algo así como una ballena. A su decir, la parte que estaba en la superficie cuando dejó de rodar tenía al menos 20 pies de largo y el suceso fue totalmente extraordinario.

Boyd declaró constantemente que este avistamiento fue la cosa más asombrosa que había visto en su vida entera, y si pudiera permitirse pasar el resto de su vida buscando otro avistamiento, sin duda lo haría. Solo queda esperar a que la evidencia, científica o no, vuelva a comprobar o refutar la existencia de Nessie.

15

Los cabezas de melón

OHIO ES RARO. Existen muchas rarezas en el estado de swing. Si bien cada estado tiene atributos inusuales que lo hacen un poco diferente de los otros 49; además de ser el lugar de nacimiento de 7 presidentes, Ohio es el lugar de nacimiento de muchas leyendas urbanas extrañas.

Pero, con mucho, la leyenda urbana más interesante e inusual es la de las criaturas llamadas cabezas de melón, que no deben confundirse con *Bagel Heads*, un tratamiento de modificación corporal autoinfligido que estuvo de moda en Japón. Aunque Michigan y Connecticut han reclamado sus propias versiones de las criaturas cabeza de melón, su origen se remonta más comúnmente a Ohio.

. . .

Los seres cabeza de melón se describen como pequeñas criaturas humanoides con cabezas extremadamente grandes y deformes. A menudo son lampiños con extremidades deformadas, dientes como navajas y ojos rojos brillantes, realmente una imagen horrible para la vista, si alguna vez los vislumbras.

¿Qué son los cabeza de melón? ¿De dónde vienen? ¿Por qué están al acecho en los bosques profundos del condado de Lake? Varias versiones de la historia han surgido a lo largo de los años.

La leyenda ha aparecido en programas como *Monsters and Mysteries in America* (temporada 2, episodio 11) con diversos grados de escalofríos. Pero existe una versión sumamente conocida, la aterradora historia que se le contaba a los recién llegados en los campamentos de verano, la que los mantenía despiertos por la noche e impedía que los niños curiosos entraran solos al bosque.

Un hombre misterioso conocido solo como Dr. Crow vivía en una casa aislada en Wisner Road en Kirtland, Ohio, un suburbio al este de Cleveland. Algunos dicen que estaba casado y que su esposa no podía tener hijos.

. . .

Otros relatos dicen que los Crow tenían un niño que sufría de hidrocefalia (agua en el cerebro), lo que provocó que el niño quedara gravemente desfigurado.

Es posible que el Dr. Crow no haya sido un médico de verdad (o puede que le hayan quitado su licencia médica), pero eso no lo detuvo en su trabajo. Se dijo que era el tutor de varios niños huérfanos, o tal vez era el médico de algún instituto, aunque no hay registros de que haya ningún orfanato en la zona. En cualquier caso, los niños se convirtieron en víctimas de su macabra práctica médica.

Posiblemente en un intento de ayudar a su propio hijo, o tal vez en algún tipo de búsqueda de una cura, el Dr. Crow realizó experimentos con los niños, experimentos horribles y dolorosos que incluían inyectar líquido en sus cabezas. Los repetidos "tratamientos" provocaron las malformaciones que dieron a los niños su aterradora apariencia. Los "cabeza de melón", como se les llamaba, eran dóciles e indefensos víctimas de las extrañas fascinaciones del loco.

Pasaron los años y la locura del Dr. Crow se intensificó.

. . .

La escalada del mal se extendió de médico a los pacientes.

Los niños, los que sobrevivieron, se volvieron locos. En un inesperado acto de rebelión, los niños cabeza de melón atacaron a Crow, reclamando su venganza de la manera más violenta. El médico murió a manos de sus criaturas, que ahora estaban libres del cautiverio colectivo.

Los niños cabeza de melón prendieron fuego a la casa y el laboratorio del médico, destruyendo todos y cada uno de los registros de los experimentos no sancionados y el deplorable abuso. Eran libres, pero ¿a dónde podrían ir? El único hogar que habían conocido se había ido, al igual que el único adulto con el que habían tratado.

Fue así que las criaturas decidieron refugiarse en el bosque, escondiéndose juntos, asustados, enojados, buscando refugio y comida dondequiera que pudieran encontrarlos. No tenían la capacidad ni el deseo de comunicarse con el mundo exterior. Una vez más, estaban solos.

Otra versión de la historia pinta una imagen bastante diferente del Dr. Crow.

. . .

En lugar de que el científico loco infligiera abusos aberrantes a los huérfanos, Crow era un hombre amable y cariñoso que solo buscaba ayudar a los niños que sufrían de hidrocefalia. Tal vez debido a su historia personal, tal vez por la bondad de su corazón, Crow acogió a docenas de niños huérfanos, abandonados y no deseados, dándoles un lugar seguro al que llamar hogar.

En esta versión de la historia, los "cabeza de melón", como los llamaban los vecinos ignorantes, amaban al buen doctor. Era como un padre que les dio amor y aceptación incondicional. En su escondite aislado en Wisner Road, el Dr. Crow cuidó a los niños desafortunados, protegiéndolos de la crueldad del mundo exterior. Todo iba bien para la inusual familia hasta que el anciano Dr. Crow murió repentinamente por causas naturales.

Ahora, molestos y asustados, sin nadie que los cuidara, nadie que los alimentara y nadie que los vistiera, los niños se enfurecieron. Prendieron fuego a la casa, quemaron el cuerpo del Dr. Crow y huyeron al bosque. Descargaron su enojo con cualquiera que se cruzara en sus caminos.

Los lugareños sabían que debían mantenerse alejados de la antigua propiedad de los Crow, pero otros buscadores de curiosidades asistieron a encontrar problemas.

Aquí es donde coinciden las dos versiones: ¡un encuentro con algún cabeza de melón siempre resulta en terror!

Con el paso de los años, los cabezas de melón crecieron.

Los que sobrevivieron se reprodujeron, creando una descendencia aún más deformada. Se pasó a sus descendientes la locura al igual que las características físicas.

Los cabezas de melón protegían su territorio de los forasteros. Fueron acusados de numerosos ataques y algunos secuestros. Algunas personas dicen que robaron ganado, mascotas e incluso niños, usándolos como fuente de alimento. El canibalismo no estaba descartado en tiempos desesperados.

Las criaturas cabeza de melón han sido vistas cerca del supuesto sitio de la residencia Crow durante décadas.

Wisner Road es un lugar de moda para los viajeros de leyendas e investigadores paranormales. Los adolescentes viajan a la zona de Kirtland con la esperanza de echar un vistazo a los monstruosos seres.

Las cabezas de melón de Michigan y Connecticut tienen características extrañamente similares, y estas últimas remontan a sus antepasados a la época colonial. Esa historia tiene sus raíces en la brujería.

La leyenda crece con cada década que pasa. Los informes de avistamientos de seres cabeza de melón continúan llegando a los sitios web de Internet y los medios de comunicación social. Se han hecho películas (tanto de aficionados como de "profesionales") sobre este críptido tan espantoso y desgarrador.

¿Un cuento de fogatas o una historia real? ¿Realidad, ficción o folclore? Ese es el misterio de los críptidos. Nadie ha podido demostrar que los cabezas de melón sean reales. No hay documentación para respaldar la historia. Excluyendo los relatos de testigos presenciales, nunca ha surgido evidencia que respalde estas afirmaciones.

No hay registros de un Dr. Crow (Crowe, Kroh o Krohe) que alguna vez haya vivido en Lake o en el condado de Cuyahoga. No hay registros de un orfanato en el área, no hay registros de nacimiento, no hay informes médicos de niños locales con hidrocefalia o cualquier condición similar.

. . .

Pero la leyenda continúa. La gente afirma que ven a los cabezas de melón, solos o en pequeños grupos, al acecho en el bosque, ocultando sus rostros de la mirada punzante del público. Sus gemidos y llantos tristes resuenan en la oscuridad. La quietud del aire nocturno se rompe con el crujir de las hojas y el chasquido de las ramas mientras alguien o algo invisible te sigue a través de los matorrales, mirando fijamente con brillantes ojos rojos.

Los fantasmas parecen estar en todas partes, Pie Grande se mueve, pero los cabezas de melón son nacidos y criados en Ohio. Este estado tiene muchos atributos, desde prósperas áreas metropolitanas hasta exuberantes tierras agrícolas, pasando por los numerosos grandes ríos que lo atraviesan. La gran Cuyahoga sinuosa se envuelve alrededor de su frontera norte y alcanza sus ramas acuosas en el gran lago Erie ... ¿o debería decir, el lago "*Eerie*" (fantasmal)?

16

El Rougarou de Luisiana

Las espeluznantes historias de pantanos que rodean a esta criatura de la cultura cajún han asustado a algunas familias que viven a lo largo de los pantanos durante generaciones.

La leyenda dice que el Rougarou merodea por los pantanos de Luisiana para perseguir a los católicos que no observan la Cuaresma y a los niños que no se portan bien.

El Rougarou es una bestia, un hombre lobo o una criatura parecida a un perro que existe en el rico folclore cajún a lo largo de los pantanos y humedales del sureste de Luisiana.

. . .

Jonathan Foret, director ejecutivo del *South Louisiana Wetlands Discovery Center*, dice que la pronunciación francesa tradicional que se refiere al monstruo del pantano es "loup-garou", la palabra francesa para hombre lobo, y que a lo largo de los años en el sur de Louisiana, se transformó en Rougarou, que también es una pronunciación correcta para él hoy en día.

La mayoría de la gente en Luisiana creció con padres que transmitieron la leyenda. Y después, como adultos, algunos aprendieron aún más sobre la criatura, incluso surgieron festividades como el Rougarou Fest que se realiza anualmente en Houma, Luisiana, el último fin de semana de octubre.

La leyenda más popular que rodea al Rougarou sirve para advertir a los católicos que retroceden en la observancia de la Cuaresma, una época de ayuno y abstinencia en el catolicismo y otras religiones cristianas. Esto se alinea con la religión predominantemente católica en el área.

Así pues, la historia cuenta que una de las formas en la que puedes convertirte en Rougarou es el no observar la Cuaresma durante siete años seguidos, pues esto sería una representación sumamente clara de desobediencia y paganismo.

Se usó otra versión de la leyenda para hacer que los niños se comportaran, en la que los padres solían decirles a sus hijos: *"es mejor que te portes bien o el Rougarou te atrapará"*. Las versiones de esta espeluznante leyenda probablemente se extendieron por los colonos canadienses franceses y franceses que finalmente llegaron al pantano de Luisiana. A lo largo de generaciones, las historias pueden haberse transformado, pero siguen siendo versiones de cuentos con moraleja.

En el área de Luisiana, las historias se centran en un hombre con forma de perro, o mitad hombre, mitad perro. Sin embargo, aparentemente, hay otras formas de transformarse en un Rougarou. Por ejemplo, si alguien te maldecía, entonces podías ser condenado/a al terrible destino de convertirte en el Rougarou.

Para deshacerte de esa maldición, debías de conseguir que alguien más te cortara la piel y te extrajera sangre, pues cuando esa persona dañara tu piel, la maldición se transferiría a ellos, liberándote de la maldición, pero luego, convirtiéndolos en la criatura.

Así, el folclor también menciona dos principales formas en que las personas se protegerían de los Rougarou.

. . .

La primera era colocar 13 monedas de un centavo o piedras en el umbral de su puerta o en el alféizar de la ventana como una tradición para proteger su hogar de cualquier ataque. Así, cuando el Rougarou intentara irrumpir en una casa, la criatura se quedaría perpleja y pasaría el tiempo tratando de contar los elementos. Dado que la criatura no conoce el número 13, las monedas de un centavo mantienen al monstruo a raya contando continuamente, hasta que tiene que retirarse a los pantanos al amanecer.

Aparentemente, el Rougarou no es bueno en matemáticas porque solo puede contar hasta 12. Otra tradición es poner un colador en la puerta de la casa para lograr el mismo resultado, pues con este método el monstruo pasaría el tiempo intentando contar los agujeros.

En el Rougarou Fest cada año, los narradores mantienen viva la tradición oral pasando el folclore a la siguiente generación.

Este festival único en el área celebra el folclore del pantano de Luisiana, pues para sus habitantes es importante que la próxima generación de niños que viven en el pantano lo entienda.

. . .

Ya sea que crean en las transformaciones en Rougarou o no, los habitantes cercanos al pantano no se arriesgan. Muchos cajunes también te dirían que tengas cuidado con los Rougarou. Hay una gran variedad de historias que rodean a esta criatura del pantano en particular, y todas te darán escalofríos.

La historia básica de Rougarou es la de una criatura mitad hombre, mitad lobo que merodea por los pantanos de Luisiana, en busca de católicos que hayan roto la Cuaresma o las reglas católicas de otras formas. La leyenda dice que los Rougarou cazarán a estos individuos y les chuparán la sangre, alimentándose de su energía hasta por 101 días.

Es por eso que el Rougarou es un disfraz popular durante el Courir de Mardi Gras. De esa manera, todos recuerdan lo que puede suceder si no cumplen sus promesas durante la temporada de Cuaresma, que comienza el día después del Mardi Gras.

Otra historia espeluznante del Rougarou involucra a una pareja casada. La esposa vagó por el bosque y miró a los ojos al Rougarou, rompiendo de esta manera el hechizo de la criatura, lo que le permitió volver a su forma humana.

Sin embargo, la mujer sabía que, si le contaba a su marido lo sucedido, ella podría permanecer bajo el hechizo de Rougarou para siempre, por lo que se vio obligada a mantener su secreto durante 101 días. Después de ese punto, su hechizo se levantó.

En otra versión de la historia, una vez que un humano se ha convertido en un Rougarou, éste deambulará por las calles en la noche de luna llena, centrándose en los pueblos pequeños. Causará estragos en toda la ciudad hasta que alguien dispare o apuñale a la nueva criatura. ¿Por qué? Porque una vez que caiga la primera gota de sangre, la bestia volverá a ser un hombre.

Por lo general, el Rougarou/hombre ya sabe quién es su asesino. Mientras el moribundo tome su último aliento, debe de recordarle a su asesino que no mencione el incidente a nadie, o de lo contrario su asesino terminará con la misma suerte, convertido en un Rougarou.

Existe también otra historia sobre estas criaturas que ejemplifica estas consecuencias, en la que un gran perro blanco siguió a un niño a casa, molestándolo durante todo el paseo. El perro estaba instando al niño a atacar, y finalmente el niño sacó un cuchillo y cortó al perro.

. . .

Sin embargo, esto fue un error, porque no era un perro, sino el Rougarou.

El Rougarou se convirtió de nuevo en un hombre, diciéndole al niño que había vendido su alma al diablo y terminó siendo una bestia. Una vez más, instó al niño a permanecer en silencio sobre su encuentro, pero el niño no pudo guardar el secreto. Finalmente, el pequeño comenzó a desaparecer por la noche, convirtiéndose finalmente en el Rougarou, y nunca más se lo volvió a ver en su forma humana.

17

Los grandes gatos fantasmas

En una nación donde el mayor depredador carnívoro es un tejón, ¿por qué se reportan tantos avistamientos de grandes felinos? En 1983, un agricultor de South Molton, una pequeña ciudad en el condado de Devon, en el sur de Inglaterra, informó de una pérdida alarmante de ganado: 100 ovejas habían muerto, aparentemente de forma violenta, durante un período de tres meses. Les habían cortado la garganta.

Para muchos, la matanza confirmó la leyenda vaga pero persistente de la zona, existente desde principios de la década de 1970, de un gato grande, posiblemente fantasma. Llamado así por el páramo montañoso en el que se decía que deambulaba, lo llamaron la "Bestia de Exmoor".

El público reaccionó rápidamente. El *Daily Express* ofreció el equivalente a una recompensa de $1,600 por imágenes de video de la Bestia. Más sorprendentemente, el gobierno británico envió a un grupo de francotiradores Royal Marines a las colinas para encontrar (y posiblemente matar) a la criatura.

La seriedad con la que trataron la misión probablemente se pueda evaluar a través del nombre que le dieron: "Operación Bestia". Aun así, los francotiradores buscaron durante tres noches, hasta que el Ministerio de Defensa suspendió la búsqueda debido a la preocupación de que pudieran disparar por error a uno de los varios fotógrafos aficionados en busca de recompensas, que se creía que estaban en la misma búsqueda.

No está claro exactamente cuántas personas vieron realmente a la Bestia; según algunos relatos, algunos de los marines vieron algo, aunque después del final de la búsqueda, el Express declaró que el único testigo era una niña de 16 años que estaba siendo llevada al trabajo. *"Al principio pensé que era un gato, pero era demasiado grande para eso"*, dijo, *"era negro y tenía una cola larga. Había blanco en cada pie "*.

El problema con un monstruo que se dice que se parece principalmente a una mascota doméstica normal, pero un poco más grande, es que puede ser difícil notar la diferencia. El superintendente Douglas McClary, también citado en el Express, admitió, de manera bastante preocupante, que hasta que alguien filmara a la extraña criatura, no existía posibilidad de saber a ciencia cierta qué era.

Según la BBC, el carnívoro más grande y mortífero de Gran Bretaña es un tejón. Y, sin embargo, hay un monstruo felino legendario por cada páramo y campo, cada uno con el nombre de un duque: La Bestia de Bodmin, la Bestia de Burford, el gato montés de Woodchester. Se han visto gatos fantasmas en todo el mundo, pero son un fenómeno particularmente británico. Se les llama de forma variable grandes felinos británicos, o gatos misteriosos, o grandes felinos alienígenas (ABC, por sus siglas en inglés, para abreviar).

Es importante tener en cuenta que, a pesar de todo el nombre de "gato fantasma", los grandes gatos británicos no son considerados ampliamente como paranormales en la naturaleza.

Hay un grupo ciudadano de investigadores dedicados a su estudio: la *British Big Cat Society*. Según su informe más reciente, se informaron 2.123 avistamientos de grandes felinos entre abril de 2004 y julio de 2005.

Como ocurre con cualquier misterio, la gran mayoría de estos avistamientos no están respaldados por nada más que una historia, pero hay fotos y un puñado de videos. La *British Big Cat Society* los recopila, pero reserva la mayoría de los privilegios de visualización para sus miembros que pagan cuotas.

Su página pública proporciona, junto con algunas otras fotografías, un fotograma de un famoso video de dos minutos tomado en 1994 por un hombre llamado William Rooker. Es borroso y pequeño, pero parece mostrar un gato negro bastante grande deambulando por un campo. A éste se le dio el nombre de Fen Tiger, de Cambridgeshire.

Otro video, tomado en 2009, coincidió con una supuesta matanza de ovejas en la zona. También está borroso, pero definitivamente hay algo negro y parecido a un gato en los bordes lejanos de la pantalla.

Es importante tener en cuenta que, a pesar de todo lo que evoca el nombre de "gato fantasma", los grandes felinos británicos no se consideran ampliamente de naturaleza paranormal. En contraste con sus primos caninos, los ominosos perros fantasmas negros con brillantes ojos rojos, descritos en la leyenda local durante años, antes de inspirar El sabueso de los Baskerville de Sir Arthur Conan Doyle, los grandes felinos avistados en Gran Bretaña son (en su mayor parte) pensados ser criaturas reales y tridimensionales. Son de la Tierra, no del infierno. Es solo que no pertenecen a Gran Bretaña ni a los animales reconocidos hasta el momento.

La Ley de Animales Salvajes Peligrosos fue promulgada por el gobierno británico en 1976 en respuesta a la compra de animales exóticos como mascotas, una tendencia creciente en el Reino Unido. La ley establece que ninguna persona podrá tener ningún animal salvaje peligroso excepto bajo la autoridad de una licencia otorgada de acuerdo con las disposiciones en dicha ley emitida por una autoridad local.

En respuesta, para evitar el enjuiciamiento, se cree que muchos coleccionistas privados han dejado sueltas a sus mascotas (tigres de Bengala, pumas, perros lobo, etc.), y en los años posteriores, ha habido un puñado de grandes felinos (por lo demás anómalos en la región) capturados o asesinados en las Islas Británicas.

Debido a que muchos felinos (incluyendo pumas y panteras) no viven más de 12 a 15 años, esta hipótesis perdió fuerza después de, digamos, 1991. Pero algunos sospechan que esas mascotas que sobrevivieron en la naturaleza pueden haberse criado e incluso reproducido con animales domésticos u otras especies nativas, y que estas pueden explicar los avistamientos repetidos de ABC.

Según las noticias en ese momento, las autoridades que habían estudiado las huellas de las patas supuestamente dejadas por la Bestia de Exmoor creían que era una pantera. La Ley de Animales Salvajes Peligrosos se había aprobado solo siete años antes, así que tal vez lo fuera. Pero luego, por supuesto, están los informes de 1995 y los informes de 2001.

En 2009, varios residentes de North Devon (junto con el *Daily Mail*) se preguntaron si un cuerpo que llegó a la orilla podría ser la famosa Bestia. De un metro y medio de largo, con pelaje negro y dientes afilados, parecía encajar en el perfil. Sin embargo, las muestras de tejido revelaron que en realidad el animal responsable era una foca gris.

En cuanto a los avistamientos continuos (que parece poco probable que cesen), *Discovery* ofrece una explicación plausible y ligeramente insultante para la insistencia repetida de los humanos en que los animales que están viendo no son, no podrían ser, solo gatos: *"La gente simplemente no es muy buena en estimar el tamaño de los objetos, especialmente cuando están emocionados o alarmados".*

Si alguna vez hubo una razón para poner un recorte de cartón de tamaño natural de un gato doméstico de tamaño medio en el patio trasero de los hogares (o en el páramo cercano, según sea el caso), es esta.

Conclusión

En un mundo lleno de posibilidades e historias increíbles, ¿de verdad es posible que no exista por ahí algún Pie Grande, o un hombre lobo? Los procesos evolutivos y las razones de creación del universo son temas que aún tienen mucho por ser descubierto, por lo que, ¿sería tan extraño que la adaptación haya llevado a la existencia de ranas enormes capaces de reír y caminar sobre dos patas?

O tal vez, ¿podría ser que las antiguas culturas estaban tan atentas y ligadas con la madre naturaleza que descubrieron criaturas que ahora son imposibles de ver ante nuestros modernos y sumamente presurosos ojos? Sea cual sea la respuesta, seguramente las historias que recorrimos juntos seguramente te habrán sorprendido, cuestionarte e incluso temer por tu seguridad, o esperar encontrar a alguna de estas criaturas.

Conclusión

Por supuesto que los avistamientos de estas criaturas han sido constantemente reafirmados a lo largo de la historia, sin embargo, las pruebas sobre su existencia no han sido contundentes, por lo que podemos clasificarlos como críptidos y, aunque pertenezcan a una categoría no comprobada, puede que esto no necesariamente desacredite su presencia en la tierra.

Los críptidos existen porque la gente cree en ellos o los niegan. Son fenómenos culturales que componen el folclor de muchas regiones y que le dan explicación a aquellos miedos inconscientes o sucesos inexplicables, que atrapan la mente de aquellos que buscan respuestas y hacen crecer a las historias.

Ya sea que quieras platicar un momento con la Baba Yaga, o pedirle un favor al Golem de Praga, la invitación a la investigación está siempre abierta, pues quién sabe, pero podrías ser el o la próxima investigador/a que confirme la existencia del querido monstruo del Lago Ness.

Estoy segura de que estas historias hicieron volar tu imaginación y acrecentaron tu curiosidad. El mundo está lleno de leyendas, cuentos y sucesos desconocidos, siempre abiertos a la interpretación y a la investigación. No es una idea tan loca pensar que, dentro de todos los procesos gestados en la creación del mundo, de repente hayan existido dragones alrededor de nosotros.

Conclusión

Lo oculto siempre ha fascinado al ser humano, y las historias alrededor de esto de lo que no tenemos total certeza también logran atrapar hasta al más escéptico, pues recuerda... que no exista una comprobación científica no necesariamente significa que nuestros críptidos no estén rondando por ahí.

Referencias

N/A. 2019. "Dire Wolf. Utah", en *Urban Legends and Cryptids*. Recuperado de https://aminoapps.com/c/urban-legends-cryptids/page/blog/dire-wolf-utah/v6z0_7WTnu6WV1Dmjp46Rbz6md1bPJPq15

N/D. "The Loveland Frogman – Ohio's most famous cryptid" en *Charleston Terrors*. Recuperado de https://charlestonterrors.com/the-loveland-frogman-ohios-most-famous-cryptid/

Swancer, B. 2021. "The Bunyip: Australia's Most Bizarre Mystery Monster" en *Mysterious Universe*. Recuperado de https://mysteriousuniverse.org/2021/02/the-bunyip-australias-most-bizarre-mystery-monster/

N/D. "The story of the African Tokoloshe" en *African traditions, customs and beliefs*. Recuperado de https://www.allexplore.com/id906.htm

N/A. 2019. "The Tokoloshe" en *Astonishing Legends*.

Recuperado de https://www.astonishinglegends.com/astonishing-legends/2019/2/16/the-tokoloshe

Johnson, A. 2019. "The Real Story of the Beast of Gévaudan" en *Museum Hack*. Recuperado de https://museumhack.com/beast-gevaudan/

Pearse, S. 2021. "The Snallygaster: Century-Old Fake News Terrorized Citizens of Maryland... But the Creature May be Real", en *Ancient Origins*. Recuperado de https://www.ancient-origins.net/unexplained-phenomena/snallygaster-0010491

N/D. "Taniwha" en *Twinkl*. Recuperado de https://www.twinkl.com.mx/teaching-wiki/taniwha

Walls, R. 2021. "Bigfoot Legend", en *Oregon Encyclopedia*. Recuperado de https://www.oregonencyclopedia.org/articles/bigfoot_sasquatch_legend/#.YY2zJWDMLI'

Cereno, B. 2020. "The legend of Baba Yaga explained" en *Grunge*. Recuperado de https://www.grunge.com/216412/the-legend-of-baba-yaga-explained/

Weiser, K. 2020. "Wendigo" en *Legends of America*. Recuperado de https://www.legendsofamerica.com/mn-wendigo/

N/A. 2017. "The Welsh Dragon: legends and history" en *Quality Cottages*. Recuperado de https://www.qualitycottages.co.uk/aroundwales/welsh-dragon-legends-history

N/A. 2017. "Divine Bull Tur" en *Bosnian Mythology*. Recuperado de http://seb-hor.blogspot.com/2017/08/divine-bull-tur.html

Lipis, A. 2020. "The Golem of Prague" en *Atlanta*

Jewish Times. Recuperado de https://www.atlantajewishtimes.com/the-golem-of-prague/

N/D. "The Golem of Prague" en *Prague Stay*. Recuperado de https://www.prague-stay.com/lifestyle/review/838-the-golem-of-prague

Lyons, S. 1999. "The legend of the Loch Ness" en *Ancient Worlds*. Recuperado de https://www.pbs.org/wgbh/nova/article/legend-loch-ness/

Argie, T. 2014. "The case for cryptids: Melon Heads" en *America's Most Haunted*. Recuperado de https://www.americas-most-haunted.com/2014/06/10/the-case-for-cryptids-melon-heads/

Kamenetz, K. 2016. "4 Tales Of Louisiana's Rougarou That Will Send Chills Down Your Spine" en *Only in your state*. Recuperado de https://www.onlyinyourstate.com/louisiana/x-tales-of-the-rougarou-that-will-put-chills-down-your-spine/

Bailey, S. S/F. "Beware of Louisiana's Rougarou! Have you heard of the creepy, Cajun swamp legend?" en *Nola Weekend*. Recuperado de https://www.nolaweekend.com/beware-of-louisianas-rougarou-have-you-heard-of-the-creepy-cajun-swamp-legend/

Heaney, K. 2017. "The mystery of Britain's alien big cats" en *Pacific Standard*. Recuperado de https://psmag.com/environment/mystery-britains-alien-cats-88820

www.ingramcontent.com/pod-product-compliance
Lightning Source LLC
LaVergne TN
LVHW021718060526
838200LV00050B/2740